中原记忆丛书

焦作

河朔名邦

总主编 赵素萍
执行主编 苏长青
本册主编 韩达

河南科学技术出版社
·郑州·

图书在版编目(CIP)数据

河朔名邦：焦作 / 韩达主编. -- 郑州：河南科学技术出版社，2018.9
（记忆中原丛书 / 赵素萍主编）
ISBN 978-7-5349-9186-8

Ⅰ. ①河… Ⅱ. ①韩… Ⅲ. ①文化史－焦作 Ⅳ. ① K296.13

中国版本图书馆 CIP 数据核字 (2018) 第 057153 号

出版发行： 河南科学技术出版社
地址：郑州市经五路 66 号　　邮编：450002
电话：（0371）65737028　65788613
网址：www.hnstp.cn
策划编辑： 李喜婷　汪林中　冯俊杰
责任编辑： 孟明明
责任校对： 刘逸群
责任印制： 张　巍
书籍设计： 赵　钧
排　　版： 蔡　凤
印　　刷： 河南博雅彩印有限公司
经　　销： 全国新华书店
开　　本： 787 mm × 1092 mm　1/16　**印张：** 14　**字数：** 282 千字
版　　次： 2018 年 9 月第 1 版　　2018 年 9 月第 1 次印刷
定　　价： 99.00 元

《河朔名邦——焦作》编委会

不忘本来　开创未来

《诗经·小雅·吉日》曰："瞻彼中原，其祁孔有。"

中原，本意为天下至中的原野，后来逐渐演化为泛指黄河中下游地区，也称中土、中州、华夏。在某些特定的语境中，中原又是"中国"的代名词。

中原文化是中原地区，主要是河南省的物质文化和精神文化的总称。中原文化是中华文化的母体和主干，在漫长的中国历史中长期居于正统、主流地位，中原文化一定程度上代表着中国传统文化。

河南人爱说"中"。一个"中"字，尽显中原文化的正大气象和源远流长。

中原这块沃土，不仅是东亚现代人类的主要起源地，而且自上古时期就形成了发达的农业文明，并率先跨过了"文明的门槛"。

从夏代到北宋的3 000多年间，先后有22个朝代、200多位帝王在河南建都。全国十大古都河南有其四。河南曾长期是全国政治、经济、军事、文化的中心，中国古代创造发明的中心，向全国和世界传播交流文明的中心。

中华文明丰富的文化景观、文化遗存、历史文物、文化典籍和艺术珍品在中原大地比比皆是，使河南如同一座浩瀚的历史博物馆，一本看得见、摸得着的中国历史文化教科书。河南的馆藏文物、国家历史文化名城和全国重点文物保护单位数量，均居全国前列。甲骨文在这里发现，四大发明与河南关系密切，连接东西享誉世界的丝绸之路从这里起步。

水有源，树有根，人有姓。河南是中国姓氏的重要发源地，依人口数量排名的100个大姓中，有70余个起源于河南。中华传统文化通过姓氏家族延续传承，跟随姓氏漂洋过海。"贵姓""仙乡何处"的寻常问候常常引起游子无限的乡思乡愁，也成为近年来河南根亲文化的"重头戏"。

天下名人，中州过半。在《二十四史》中，立传的名人共5 700余人，仅汉、唐、宋、明四个朝代，河南籍名人就达912人。在耳熟能详的文化圣人当中，出生于河南或长期在河南活动的近30位。谋圣姜太公、道圣老子、墨圣墨子、商圣范蠡、医圣张仲景、科圣张衡、字圣许慎、诗圣杜甫、画圣吴道子、律圣朱载堉，等等，都是中华文化发展史上的不朽丰碑。

中原文化门类齐全，博大精深。文学星空，河南人星光璀璨；武术杂技，少林太极称双雄；婚丧嫁娶，人生礼仪在斯；梆弦声里，地方戏风靡大河南北。洋洋洒洒，中原书风千载传承；丹青妙手，河南画苑代有佳作……

中原文化之于中华文化，就内容讲，是最基础、最基本的部分；就特点讲，是最具代表性的部分；就历史发展过程讲，是最具贯穿性的部分；就地域讲，是最具影响力的部分。中原文化具有根源性、原创性、包容性、开放性等诸多特质，开放与包容使得中原文化具有绵绵不绝的生命力与创造力。

中原地处“天地之中”、华夏腹地，九州通衢的独特地理位置决定了中原文化始终处于与外部文化的交流融合当中，这种交流与融合影响到中原文化的方方面面。

早在新石器时代，中原文化便成为推动中国境内各种文化交汇的强大动力，加快了中华文明的进程。

夏、商、周三代是中国历史上的重要时期，其时中原和周边地区交流融合、相互促进，奠定了中华文明形成和发展的基础。汉代，中外贸易频繁，形成了后人熟知的丝绸之路，洛阳成为丝绸之路的东方起点。隋唐时期，洛阳是当时的国际性大都市之一，成为了东西方文化、贸易交流和传播的中心。以开封为中心的北宋文化，以丰厚的底蕴、深邃的思想、恢宏的气势、绚丽的色彩，把中原历史文化推向高峰。唐宋之际，中原文化通过丝绸之路、大运河及海上丝绸之路跨出国门，影响波及亚洲乃至世界。

古往今来，无数中原的思想家，用自己的思考深刻地影响着历史的进程，成为中国思想文化的主干，并对世界文化产生了很大影响。西方许多杰出人物如伏尔泰、狄德罗、托尔斯泰等都曾受到《道德经》的影响。而在中原的腹地嵩山脚下，儒、释、道“三教合流”，经过千百年的融汇发展，儒、释、道三种文化已经深深熔铸在我们民族的生命力、凝聚力和创造力之中。

中华文化革故鼎新、生生不息的生命力，源于中华文化与周边文化持续不断的碰撞和融合。

梁启超先生曾指出，中原的中国经过秦汉一统，成为中国的中国；中国的中国经由与印度、日本等接触，成为亚洲的中国；近世以来，中国进入世界舞台，与欧美竞争，而成为世界的中国。

从世界范围来看，不同文明之间的碰撞与交流成为世界历史发展的主要动力；从中国范围内来看，中原文化与周边文化的互动奠定了中华文化的根基；从中原范围内来看，以嵩山周围为核心的河洛文化与周边文化的融合助推中原文化茁壮成长。

八方风雨会中州。目前河南共有18个省辖市，每个市都有其独特的文化，尤其是一些与外省接壤的省辖市，更是中原文化与周边文化交流碰撞的前沿。南阳的“楚风汉韵”、信阳的“豫风楚韵”久负盛名，三门峡与秦晋文化的交汇，安阳、鹤壁与燕赵文化的融通，濮阳、商丘与齐鲁文化的交融，周口、驻马店与江淮文化的互动，焦作、济源与三晋文化的交流等，都形成了地域文化的独特小环境。这些区域文化之间的开合、融通铸就了中原文化的生命力。

冠八枢而奠中原，得中原者得天下。

中原文化，出彩千年！

习近平总书记提出，让中原更加出彩。

河南在全面建成小康社会的快车道上，始终不忘提升中原文化的整体实力和影响力。从“加快文化资源大省向文化强省跨越”，到“加快建设文化强省”，再到“加快构筑全国重要的文化高地”，这种渐次提升既契合党中央关于强化文化发展的新理念、新思想、新战略，又体现了河南省委对文化建设的高度重视。

从中原崛起到建设经济强省，博大精深的中原文化始终是河南最为倚重的资源之一；从华夏历史文明传承创新区到全球华人精神家园和心灵故乡的打造，中原文化已经、正在，而且还将要以更加丰富多彩的形式、手段被挖掘、整理，传承和创新。

党的十九大报告指出：推动中华优秀传统文化创造性转化、创新性发展，继承革命文化，发展社会主义先进文化，不忘本来、吸收外来、面向未来，更好地构筑中国精神、中国价值、中国力量，为人民提供精神指引。

多年来，依托厚重的中原文化，河南的文史研究、新闻出版、广播影视等部门进行了卓有成效的工作，取得了丰硕的成果。经过充分调研，中共河南省委宣传部决定组织全省各省辖市市委宣传部编纂大型精品文化普及读物“记忆中原”丛书，一套19卷，分为《品读中原》以及18个地市卷。丛书围绕中原文化精华这条主线，选择各地文化经典和精要，系统梳理河南地域文化特色，全面展示中原文化风貌，讲好中原故事，传播中华文化，凝聚中国力量。“记忆中原”丛书作为一种融媒体出版物，融合多种媒体形式，书籍与文创产品并重，文化与旅游资源嫁接，这种创新的出版方式是中原文化更加出彩的一种生动体现，也为中原更加出彩提供精神力量。

天下中原，老家河南。

中原是一座“文化的活态博物馆”。河南堪称全球华人的根亲文化圣地。与其在远处仰望，不如到中原走访。真诚希望读者朋友能从书中感受到中原文化的魅力，更期望朋友们以这套丛书为“路标”，到河南走走，回老家看看。厚重河南欢迎您，壮美中原欢迎您。

“记忆中原”丛书编委会

2018年7月

目录

谈古说今

——河朔名邦的古今变迁　1

要事回放

——千年兴衰的历史坐标　11

名人扫描

——历史天空的璀璨群星 39

寻根问祖

——绵延不断的血脉之缘 77

古城印象

——时间淹没的亘古繁华　97

考古探秘

——历史尘封的文化遗存　123

胜景掠影

——惊艳世界的焦作山水　145

名品荟萃

——琳琅满目的物质风情 161

“非遗”概览

——人类文明的民间传承 173

城市名片

本书音频资源列表

音频名称	来 源	对应页码
汉献帝贬居山阳	原创	18
卜商		41
三国军事家司马懿		42
山涛		46
向秀		47
王弼		49
唐宋八大家之首韩愈		50
山水画大师郭熙		58
许衡		62
布衣王子 科学巨星——朱载堉和他的十二平均律		66
何瑭		71
陈王廷		73
曹谨		76
山阳区柳下惠的传说		94
竹林七贤隐居焦作		108
董永传说		175
赵氏孤儿传说		186
韩湘子传说		191

本书视频资源列表

<table>
<tr><th>视频名称</th><th>来 源</th><th>对应页码</th></tr>
<tr><td>河朔名邦——焦作</td><td>原创</td><td>1</td></tr>
<tr><td>太极传天下</td><td>陈言网事</td><td>24</td></tr>
<tr><td>跟司马懿学管理</td><td>百家讲坛</td><td>44</td></tr>
<tr><td>竹林七贤</td><td>百家讲坛</td><td>45</td></tr>
<tr><td>唐宋八大家之韩愈</td><td>百家讲坛</td><td>50</td></tr>
<tr><td>郭熙的《早春图》</td><td>殷瑗小聚</td><td>60</td></tr>
<tr><td>朱载堉</td><td>国宝档案</td><td>70</td></tr>
<tr><td>邓</td><td rowspan="12">原创</td><td rowspan="11">78</td></tr>
<tr><td>樊</td></tr>
<tr><td>蒋</td></tr>
<tr><td>刘</td></tr>
<tr><td>陆</td></tr>
<tr><td>宁</td></tr>
<tr><td>苏</td></tr>
<tr><td>邢</td></tr>
<tr><td>杨</td></tr>
<tr><td>于</td></tr>
<tr><td>张</td></tr>
<tr><td>温</td><td>85</td></tr>
<tr><td>河南——焦作云台山</td><td>旅游频道</td><td>146</td></tr>
<tr><td>太行山</td><td>远方的家</td><td>152</td></tr>
<tr><td>陈正雷：太极拳属于全人类</td><td>央视网</td><td>158</td></tr>
<tr><td>焦作怀商</td><td>国宝档案</td><td>195</td></tr>
</table>

谈古说今

——河朔名邦的古今变迁

河朔名邦——焦作

焦作，从人类历史与文化的深处走来，历史的光荣，时代的文明，文化的辉煌，是一个个不容置疑的注脚。

焦作市，位于河南省西北部，北依万马奔腾的太行山南麓；南临浊浪排空的黄河；东与河南省新乡市的辉县市、获嘉县、原阳县毗邻；西与河南省济源市接壤；南与郑州市的荥阳市、巩义市，洛阳市的孟津县隔河相望；北与山西省晋城市隔山相望。全市东西长102千米，南北宽77千米，总面积4 071.1平方千米。

全市辖解放区、山阳区、中站区、马村区和温县、博爱县、武陟县、修武县，代管沁阳市、孟州市，焦作市属中原城市群。

• 山河与土地承载的人文情怀 •

史前大自然的多次造山造河运动，使太行山拔地而起，黄河滔滔东流而去，这山、这河，在豫西北焦作，展开宠辱不惊的胸怀。西部与北部地势偏高，东部与南部地势偏低，这是一道北山、南滩、中川的典型川地。

北部东西走向的太行山余脉，鬼斧神工，锻山裂谷，造就了焦作的地质地貌景观、异彩纷呈的自然山水。自东而西，云台山世界地质公园的红石峡、小寨沟瓮谷、长崖断壁、单面山、峰丛、峰墙、云台天瀑、青龙峡谷、峰林峡谷、青天河峡谷、神农山紫金顶与龙脊长城，无声地诉说着亿万年前这里由大海变为陆地的沧桑巨变，元古界、古生界、新生界的地质地貌，演示着地球生命的进化历程。山地最

巍巍太行

高海拔近2 000米，平均海拔500米。山地地形复杂，各山岭间由峡谷相连，山势陡峻，山谷切割较深，呈“V”字形。阴坡一般较陡，土层深厚。较著名的山峰有云台山茱萸峰、天门谷、古汉山、凤凰山、马鞍山、方山、五指山，还有神农山紫金顶、碗子城、三夹山、贝涧山、云阳山、悬谷山、阳落山等。春秋时期，诸侯割据，逐鹿中原。晋文公重耳雄才大略，南出太行，伐卫破赵，虎踞龙骧，在这里促成“温城之盟”，赢得诸侯纷争中的霸主地位。战国末期，秦取野王（今沁阳），培根筑基，翻越太行，北伐上党（今山西东南一带），与赵国进行了一场中国古代战争史上最大的围歼战——长平之战，此役的胜利，奠定了秦兼并六国一统天下的强实基础。古有得中原者得天下之说，进一步引申，其实是得南阳（今河南济源市至获嘉县一带，因在太行山南、黄河之北得名。今焦作属此地区）者得中原。魏武帝曹操北征，以图霸业，也是在这里的太行山一个叫羊肠坂的地方，经历了生命极限上的考验，他的意志因而得到了磨砺。一首诗中绝唱《苦寒行》，道出三国归晋中天地人共处的奥秘。中国历史上几次大一统，几乎全与这里的太行山结下了不解之缘。焦作不愧是豫北重镇、河朔名邦、洛阳门户、开封锁钥，是得天下、坐天下的战略要地。

南部波涛汹涌、折头东去的黄河，从北邙山与南邙山之间穿过，直奔浩渺无垠的大海，流淌着人类从蒙昧走向文明所付出的艰辛、智慧与伟力。传说中大禹治水的遗迹、盘庚迁殷的出发地、老子的隐居之处，以及司马迁《史记》中记载三河文明的诸多遗址，沿大河自西向东，星罗棋布在焦作市南部的滨河地区。在黄河滩涂与冲积平原疏松而肥沃的黄土地上，先民们以时空轮换所启迪的古老智慧，与不断泛滥的洪水搏斗。先民们开始试着冬种小麦，夏种秋黍。一年两季的复种耕作，使人们丰衣足食，得以在这片土地上繁衍生息。这里也是四大怀药的故乡，先民们在对生命长度的追求中，在对生老病死的逐步认识里，选择了种植地黄、山药、牛膝、菊花。四大怀药的滋阴、壮阳、聚气、清热等功效，使先民们能以更强健的体魄来抵御大自然的侵袭。“覃怀底绩，至于衡漳”的人类文明，首先应包含衣食住行、生老病死方面的内涵。生活用品剩余与文明的生活方式所衍生的商品交换，也肇始于这里。《史记·货殖列传》记载，古老的焦作人把买卖做到西边的山西省晋城、长治，北边的河北省石家庄、平山县一带。“河济之间千树萩”就是当时的真实写照。《盐铁论》的《通有》篇中也记载：“魏之温、轵……富冠海内，皆为天下名都。”在黄河沿岸，西有孟津口，中有白坡口，东有花园口，既是古老焦作的通商口岸，也是古官道、古兵道中的通关要塞。

中部一马平川的平原地带，一部分为太行山洪冲积扇，另一部分为黄河、沁河滩地，冲积厚度为200米至800米不等，地势平坦，河流纵横，地下水丰富，土地肥沃，灌溉方便，海拔在90米至150米，是古今焦作粮、棉、油、菜及四大怀药的主要产区。在人类发展的漫长岁月里，这道平川孕育的人类文明，始终处于领先地位。古老的焦作人，不断完善自身的思维方式与行为方式，经年累月里所形成的覃怀文化模式，是河洛文化的重要组成部分。这里曾经是周王朝的后花园，是周公姬旦的儿子的封地。周礼在这里得以很好地推行，不仅仅是周公孝子贤孙的“克己复礼”，更得益于古老的东方思想家们在这里播种的文明。孟州与温县毗邻处的相逢村，是当年老子与孔子相逢的地方，两位大思想家坐而论道又论礼的思想碰撞与交融，构成覃怀文化、河洛文化，乃至华夏文化的包容性和巨大的思维空间，以及人类在行为方式上更多的兼容性与可能性。348年，佛图澄老和尚也来到这里，在太行山余脉吕涧山的当阳峪里，修建他一生中第893所寺院——圆融寺。儒、释、道的相互尊重与理解，在这里为覃怀文化、河洛文化、华夏文化的成长与成熟，提供了深厚而肥沃的土壤。

• 历史心中的耿耿于“怀” •

早在远古时期，焦作市依山滨河的三百里川地，就活跃着“日出而作，日落而息”的人类先民。

宜人的气候，平坦肥沃的黄土地，一山一河的自然屏障，使焦作成为我们祖先选择生存的理想之地。原始时期，黄帝部落东迁，其部落散居在今焦作一带。夏时，禹分九州，焦作称冀州覃怀地。在殷商甲骨文中，多处出现地名“覃”。如“甲申卜：王其于覃”“甲辰卜：翌日乙，王其于覃无灾吉”。《尚书·禹贡》中说：“覃怀底绩，至于衡漳。”意思是，覃怀这个地方的文明，逐步延伸与影响到横着的漳河那里。南宋蔡沈注解为：“覃怀平地也，当在孟津之东，太行之西。”覃，是平旷广大的意思。“怀”字取自当时大水怀山襄陵之意。《尚书·尧典》记载，帝尧时代，“汤汤洪水方割，荡荡怀山襄陵，浩浩滔天”。蔡沈注解为：“方洪水怀山襄陵之时，而平地致功为难，故说底绩。”颜师古注解为：“覃怀，近河地名。底，致也。绩，功也。衡漳，谓漳水横流而入河。言于覃怀致功，以致衡漳。”孔颖达说：“河内郡怀县，在河之北，盖覃怀二字共为一地，故云近河地名。”《韩诗外传》记载，武王伐纣，更名邢邱为怀。金履祥《尚书注》也载：“覃，大也，怀，地名。田皆腴美，俗谓小江南。古所谓覃怀，即今怀州。”

殷商时期，祖乙建都邢丘（武陟商村一带）。盘庚迁殷之后，焦作一带仍为其政治中心与经济中心。甲骨卜辞中有许多关于焦作地区的记载，学界概括为以“衣”（殷）为中心的“沁阳田猎区”。郭沫若先生曾指出：“盖殷人设有离宫别苑于此地（沁阳），故其国号本称商。”陈梦家先生也指出，商代都邑有三个中心，其中“豫西以沁阳的‘衣’（殷）为中心，是当时的田猎区”。同时，也是商王朝重要的封国所在地。如雍国、邘国等。雍，为商王子雍的封国，在焦作市区西南的府城村一带；邘，在沁阳西北15公里的邘邰村附近。殷商末期，周文王伐邘，直叩帝京朝歌的门户，震撼了风雨飘摇中的殷商王室。东周时期，焦作一带称南阳，为畿内，晋文公南下太行，这里成为晋攻城略地称霸天下的战略要地。战国时期，属魏、韩，置阳樊、野王、温、向、怀、州、盟、扈、宁、卷等县。战国末期，秦取野王，北伐上党，大败赵军于长平，继而一统天下，实行郡县制。焦作秦时属三川郡，辖怀、武德、山阳、温、河阳、野王、修武、沁水、平皋等县。西汉时属冀州河内郡。东汉时属司隶部河内郡。三国时期，属魏国冀州河内郡。晋时分属司州河内郡、汲郡、荥阳郡。南北朝时分属司州河内郡、荥阳郡。北魏时分属怀州河内郡、武德郡、司州汲郡、荥阳郡、东恒农郡。隋时分属河内郡、汲郡、荥阳郡。唐时属河北道河内郡。五代时属怀州。北宋金时分属河东南路怀州、孟州。元时分属燕南河北道怀庆路、孟州。

明时属河南布政司怀庆府。清时属河南省怀庆府。

1913年，怀庆府治地河内县改为沁阳县。1945年9月8日建立焦作市。1948年3月改为焦作县。1949年10月15日，改为焦作矿区，划归平原省新乡行政专员公署领导。1952年11月15日，平原省撤销，焦作矿区划归河南省新乡行政专员公署领导。1956年7月9日，改为焦作市，由河南省直接领导。1982年3月，焦作市划为省辖市。2002年，焦作市代管沁阳市、孟州市两市，辖修武县、武陟县、温县、博爱县4县和解放区、山阳区、中站区、马村区、高新区5个城区。

从遥远的历史中走来的焦作，自以“怀”字指称地域开始，辖区经历了一个由小到大的过程。洪荒年代的怀地，指的是焦作市武陟县西南一个先民部落的聚集地。随着朝代的更替，怀地所辖地域不断扩大，怀、覃怀、怀县、怀州、怀孟路、怀庆府，等等；先改为县制，后来又分别改为州制、路制、府制。一方水土在治所名称的不断变动中，始终没有离开一个“怀”字，这是一种地域文化对这片川地在整体意义上的容纳与认同。虽然历史喑哑了这里不时碰撞出的声响，岁月的风尘也掩盖了这片土地间曾绽放出的光芒，然而，这一个“怀”字，越来越凸显出这一方水土在地理与历史上的文化特征。这一片山河怀抱中的川地，被称作怀川。这里气候适宜，四季分明，土地肥沃，水量丰沛，让人联想到母亲温暖的胸怀和慈爱宽厚的秉性。这里出产的地黄叫怀地黄，山药叫怀山药，牛膝叫怀牛膝，菊花叫怀菊花，书院叫覃怀书院，中学叫覃怀中学，地方剧种叫怀梆，商人叫怀商，以四大怀药为经营主体的药商组织叫怀帮，如果这里人出门在外，也一律被冠以“怀川人”的统一指称。焦作人自古迄今都爱这个“怀”字，这种爱，已经远远地超越了具体的地理意义与历史意义，上升为一种人文情怀，一种文化精神，一种思维方式和行为方式。

古老的怀川人，今天的焦作人，对这片水土，都有一种近乎不由分说的依恋。那种一往情深，把生命之根深深扎在这里，把自身历史融入这一地理分野，化为这里山的青、水的碧、天的蓝、土的黄，完全是这一方人的本性使然。“饿死不离家，穷死不做贼”，是怀川人人性与人格的基本框架；恪守信用，乐群贵和，推己及人，以义取财，是焦作人秉持的操守与智慧；不怕失败，敢于归零，是怀川人做事的态度；人生于世，当用于世，是焦作人积极入世的献身精神。

这是一片人杰地灵的川地，卜子夏、司马懿是温县人，韩愈是孟州人，李商隐、朱载堉是沁阳人，山涛是武陟人……历史的画廊内，文化的册页里，焦作都有重要的地位。这里的地方戏剧怀梆，在当地人口中是被喊出来的，高亢的行腔，踏踏实实的板眼，敲击得令人心热、心寒、心颤、心横的梆子声，是古今焦作人心理节律的神秘传递。这里也是太极拳的故乡，拳不离怀，以柔克刚的怀中之拳，和谐、柔致、包容、含蓄的一招一式，体现了古今怀川人健身强体、豁达大度的人文精神。方言，是听得见的文化。沉浸在声母、韵母、四声中的发声方式，最能体现一方水土对其所造成的深刻影响。焦作方言中的z、c、s与zh、ch、sh不分，相近又有所区别的声母，被模糊了界限的原因，也可以说是一种文化的怀抱与认同。

• 舟车都会的陆海 •

《怀庆府志》中说，焦作“太行北峙，沁水东流，近带黄河，远辑伊洛，舟车都会，号称陆海。”古老的怀川，今日的焦作，始终让人感到时代的光荣和来自历史深处繁荣、富庶的体温。

追溯到遥远的夏代以前，擅长于养殖的雍人，北渡黄河来到如今的焦作一带。《汉书 · 地理志》中说，怀川一带适宜放牧牛羊，也适宜一年种植小麦和谷物两季庄稼。殷商时期，焦作一带的经济模式逐步转变为以农业为主，以畜牧业、田猎为辅的混合型经济模式，是殷商王朝倚重的经济中心。《史记 · 货殖列传》中记录，焦作人经常到山西省的晋城、长治，河北省的石家庄、平山一带去经商。《盐铁论》列举的12个商业都市中，焦作境内的温地名列其中。西汉时，制造各种手工业品的官营机构，称之为工官。近年来，在云南、福建发掘的汉代墓葬里，多次发现有“河内工官”字样的弩弓。温县招贤乡的冶铸遗址，面积达10 000平方米。考古发现，窑室内出土的500多套叠铸陶范，可铸造36种铁器。秦汉时期，纺织业在焦作地区迅速发展，怀川是著名的丝织品产地之一，普通农户都可以进行生产。东汉前期，朝廷在这里征调丝织品8万匹，后期增至15万匹。按当时占籍户口计算，每一户需上缴朝廷丝织品一匹。当时，陶瓷业在焦作也非常发达，考古发掘的汉代陶仓楼，仅见于焦作境内。手工业的发展，促进了商业的发展，商业都市的规模化，极大地刺激了货币的流通。当时，焦作区域内流通两种货币，其中之一是魏国山阳所铸的方肩、方足、圆跨布。魏国货币在焦作境内铸造、流通，这充分反映了这片川地商品经济发展的迅猛与繁荣。

怀商，是历史上焦作经济社会的对外形象；怀帮，是历史上怀商的灵魂与重量。自清代以来，全国共有13个药材帮会，怀药帮在诸药帮会中鹤立鸡群，独占鳌头。那时，在禹州药材经营领域流传着这样一句话："十三帮，一大片，比不上怀帮一个殿。"这是山药、地黄、牛膝、菊花四大怀药在全国药材市场上雄踞霸主地位的真实写照，也是怀商、怀帮在全国经济领域所占有的地位和分量的具体体现。

焦作市矿藏丰富，不仅具有硫铁矿、熔剂灰岩、水泥灰岩、化工灰岩、耐火黏土、铁、铅、锌、铜、磷等，还蕴藏着巨大的煤炭资源。焦作煤炭开采时代可以追溯到战国，宋元时期形成规模化开采。明清两代，焦作的采煤业发展迅速，《中州杂俎》中说：沿太行山一带，焦作人"每多合伙挖井采煤，行销山东、直隶、山西等省，以为生计"。一首民谣说焦作："九峪十八沟，窑洞如星斗，大小千条路，条条车马稠。"1896年，意大利人安杰洛·罗沙第专门到焦作考察煤矿，并于1897年春，在英国伦敦勘农街110号，成立了福公司。福公司落户焦作，是洋务运动深入中原内陆的产物，标志着焦作煤矿大机器工业化开采时期的到来。1907年，道清铁路建成，1909年，中国第一所路矿学堂（河南理工大学前身）创建，至1913年，福公司仅在焦作煤矿投资就达1 400万元，占此间世界各国在华投资的1/10，占英国在华投资的1/4。1915年，英国福公司与焦作本土企业中原公司合并，在焦作成立福中总公司，公司拥有煤矿工人20 000余人，标志着中外合资企业在这块古老的土地上，已经具有先进的管理模式与规模宏大的煤矿工人队伍。这是古老怀川第一个在外国资本刺激下酝酿与崛起的新兴经济中心。1925年，焦作煤矿工人持续8个月的大罢工，打破了古老怀川人传统的世界观、价值观与人生观，促成了焦作这一新兴政治中心的酝酿与形成。

而“焦作”这个称谓的由来，据说来源于焦家作坊。很久以前，焦家作坊以制陶闻名于当地及周围地区，久而久之，人们就用焦家作坊的简称命名了这个地区。这是焦作得名的来源之一，现已不可确考，但以一个制陶作坊来命名一个地区，说明了这里制陶工艺的发达。焦作因地理位置优越，土质适合制作陶器，从上古开始，就有了制作陶器的记载。宋代时遍地陶窑、瓷窑，当阳峪窑烧制的绞胎瓷、绞胎陶闻名全国。

自以焦姓手工业作坊命名的焦作村，到焦作镇、焦作路矿、焦作县，再到河南省焦作市，焦作在漫漫的岁月风尘里，秉持一方水土深厚的文化底蕴，跃上三百里怀川经济、政治、文化上的领导地位。

要事回放

——千年兴衰的历史坐标

焦作地区位于太行山东南和黄河之北的夹角地带，自古以来就是北方地区的自然环境优越之地，素有“小江南”之美誉。“温、轵西贾上党，北贾赵、中山……河济之间千树萩。”（《史记·货殖列传》）“魏之温、轵……富冠海内，皆为天下名都。非有助之耕其野而田其地者也，居五诸之冲，跨街衢之路也。故物丰者民衍，宅近市者家富。”（《盐铁论·通有》）“舟车都会，号称陆海”（《读史方舆纪要》卷四十九）等。从这些历史记载来看，古代焦作地区的富庶繁荣程度可见一斑。古人云：“洪水滔天，而有禹之绩；河水泛滥，而有宣房之功；商纣暴虐，而有孟津之谋；天下烦扰，而有乘羡之富。”（《盐铁论·力耕》）正是古代焦作地区发达的经济和独特的区位优势，孕育出了覃怀地区丰厚的人文资源，上演了一部部惊天地、泣鬼神的历史大戏，造就了一批又一批杰出的英雄人物。可以说，历史事件、文化现象，远古及今，不绝于史途。历史事件如祖乙都邢、文王伐邘、盟津之誓、晋启南阳、践土会盟、温城盟会、州城盟誓、秦取野王、寇恂守河内、射犬之战、太平军怀庆之战、英商福公司与中原公司创立、常平阻击战、道清战役；文化现象如商化芝兰、丁兰刻木、竹林之会、五龙分水、河阳一县花、泰山北斗、太行山水画派、怀帮、太极拳术、中国第一所矿冶大学等。这一幕幕感人大戏是人民群众千百年来辛勤创造和努力的结晶，体现了覃怀文化的精髓和神韵，彰显了覃怀文化的率真性格，展示了覃怀文化的博大精深。

盟津之誓与武王伐纣

商末，纣王倒行逆施、横征暴敛、残害忠良、穷兵黩武，引起民怨沸腾，诸侯离德离心。周武王即位后的第九年，武王奉周文王神主，率正义之师自镐京向东进发，渡过黄河到达盟津（今孟州西南），与诸侯举行誓师大会。在大会上，武王列举了纣王残害人民的罪状，号召大家同心协力讨伐纣王，主持正义，为民申冤。其间，祥瑞屡出。渡黄河时，白鱼跃入武王舟中；一片赤云，流动飞落王屋山上。种种祥瑞，使各诸侯欣喜若狂，纷纷建议武王，趁纣王不备一举灭商。而武王认为还不是灭商的最佳时机，需再做准备，另寻战机，各诸侯班师回国。此次盟津阅兵，史称“盟津观兵”，或“盟津之誓”，或“八百诸侯会盟津”。

武王伐纣

两年后，商纣王的统治更加黑暗腐败，武王感到灭商时机已到。在周公旦、太公望的辅佐下，率战车300辆、精锐武士3000人、铁甲战士45000人，拥着文王的牌位，浩浩荡荡东进伐纣，并遍告诸侯会师于盟津。武王军队连同西南方国诸军，朝行暮宿，日夜兼程，于当年农历十二月渡盟津。周武王利用商纣王精锐之师征讨东夷的有利时机，联络同盟国会聚盟津。武王作《太誓》，痛斥商纣王自绝于天，呼吁正义之师替天行道，革取纣王之命。此次盟津会师正式揭开了武王伐纣的序幕。关于周武王军队在焦作活动情况，历史文献鲜少记载，但在民间却有着许多动人的传说。这些传说，通过焦作的许多地名世代相传，成为焦作文化遗产的重要组成部分。

武王十一年二月，武王利用人心归周的有利形势，率本部人马及协同作战的庸、蜀、羌、微、纑、彭、濮、髳等方国部落军队4000余人，进驻到河朔地区，一边练兵，一边观察殷商局势。为观测进兵路线，武王在怀地（今武陟西南）登高远望，视察当地形势，以做进退之准备。后人便把武王登高远望之地取名为武陟，取武王登高、升高，以及兴起、兴盛之意。

天气转好，武王由怀地继续北上，路途休息当中，远望太行，若有所思，遂选一吉地，命人搭台祭祀卜问吉凶，龟背裂纹隐约显示为“昌”，武王大悦，遂将占卜之地命名为卜昌。高兴之余，拔营挥师继续前进，到达恩州驿（今恩村乡）。在恩州驿，受到了当地百姓的热情款待和衷心掩护。为答谢当地百姓的恩德，武王赐夹道盛迎之地为“承恩镇”。

当武王在恩州驿休息时，其先头部队已到达前方孝邑，当地百姓听闻武王即将到达，遂载歌载舞，奔走相告，伐树锯木，腾房让屋，为武王修建营房和行宫。武王闻报大喜，遂令中军前往孝邑一带扎营。百姓闻讯，纷纷头顶盛满牛羊肉的竹筐，手提太行山泉水精酿而成的美酒，肩扛灌满热汤热茶的陶壶，列队相迎奉献给武王。但军队纪律严明，规定驻军不得扰民，武王实在不忍心忤民之意，遂将一坛美酒倒入河流上游，军民联欢，迎流同饮，共祝伐纣成功。在孝邑，周武王巡查部队，屯兵演武、打造兵器、排兵布阵、设计定谋、整肃军纪、鼓舞士气，有条不紊地进行伐纣工作的各项准备。修整后的诸侯联军士气高昂，直奔朝歌（在今鹤壁市淇县）而去。为纪念武王，将迎接武王的孝邑改称“待王”；将装酒的酒坛产地命名曰 “酒奉”；将喂养战马之处命名为马村；将视察诸侯之军返回休息停马歇脚之地，命名为巡返；给武王制造盔甲兵器的地方称为造甲店；各路军马演练张弓射箭、操练战阵、安营扎寨的地方和军营，命名为张弓、演马、冯营；依毛将军建议，将大军中的老弱病残者留下屯田供给军粮的地方，命名为毛寨村；武王灭纣班师，再经待王镇时，念及百姓恩德，遂赐此地所产之酒为待王酒，此酒代代相传，延续至今。

武王正义之师养精蓄锐之后，继续向东，到达“夏邑”时却突然天降大雨，且三日不止。部队无法行进，遂修武勒兵，此地便被后人命名为修武（古城）。从此，修武成为沿用3000多年的县名。同时，将放置文王神主供案的地方，称文案村。将安营扎寨、等待天气转晴的地方取“安营待阳”之意命名为“安阳城”；扎营安阳城后，练兵修武之地，名曰营盘地。将决战前与各路诸侯盟誓、商讨灭商大计并对三军做最后动员的地方，命名为同盟山（在今获嘉县境内）。

经过3000年的风风雨雨，这些地名传承至今，无声地叙说着那段辉煌的历史。这些地名说明，武王在焦作应该不是短时间驻扎，而是较长时间的训练、备战，这些地方早在武王伐纣之前已经归属周或成为周的同盟者。它还说明，河朔地区既是灭商的前沿阵地，也是灭商的重要军事基地和后勤补给基地。

• 州城盟誓 •

盟誓制度是周政治制度的重要组成部分，是古代人们一种带有宗教色彩的政治活动，是天子与诸侯、诸侯与诸侯和卿大夫之间的约束文书。《礼记·曲礼下》云："约信曰誓，莅牲曰盟。"起誓是为了取信众人。春秋时代盛行盟誓之风，表示自己会遵守某项约定，如有违背，愿领受神灵的惩处。盟誓时，先掘好小坑，割去各种动物供品的左耳，盛在珠盘上，又取血，盛在玉敦内；以血为盟书，书成乃歃血读书，然后把盟书和各种动物供品埋入坑内。州城盟誓，是指在州城（今温县武德镇西张计村）所进行的誓约或盟约活动。

1979年3月，在温县的州城遗址发现了石圭、石简，上面的文字是毛笔墨书。州城遗址位于温县东北12.5千米处的武德镇西张计村，南北长1700余米，东西宽1600余米，大部分已埋入地下。遗址东北部，有一"盟誓台"。1930年、1942年、1963年，这里曾出土页岩石片盟书。据初步考古钻探查明，台基东西宽50米，南北长135米。1980年3月至1982年6月，发掘的124个坑中有16个坑出土有书写盟辞的石片，有的坑仅埋羊牲，有的坑仅埋玉帛，出土书写盟辞的石片共计万余片。其中，最丰富的为1号坑，出土盟书达4588片，加上散失与折断的残片，该坑有盟书5000片左右。内容记载了晋定公十五年十二月二十七日（前497年1月16日），韩简子与其他诸侯国盟誓的情况。

从盟书内容和体例上看，州城盟誓的历史背景为晋国末年爆发的以范、中行氏为一方，以赵氏联合韩、魏、智氏为另一方的空前规模的六卿兼并战争。主盟人应是晋国六卿中的韩氏。盟誓的时间当在春秋末期，是研究春秋时代盟誓的重要资料。盟誓辞文的大意为，圭上有命，从今以后，某不敢不心悦诚服地忠心服侍主君，如果敢参与乱臣一伙，伟大的晋国先公在天之灵，会仔细审查你，消灭你的家族。从盟誓辞文来看，在盟誓之时，当时的晋国必定出现了叛乱。在这种形势下，进行盟誓可团结争取更多的支持者，对企图参与叛乱者进行分化和镇压。

春秋时代的人们面对天地山川、神灵祖先起誓，都要举行隆重的仪式。盟由掌权者主持，且结盟者应与盟主的地位相差无几，才有资格与盟主结盟；大夫以下，因为职位低，只能以起誓的方式向对方表明忠心，求取信任。誓词必须写在竹帛或玉石上，用以取信于人和神灵，约束起誓者的行为。

盟书遗址的发现，既说明当时盟誓之风的盛行，也证明州城是春秋时期一个重要城市，对研究春秋时期的政治制度、外交制度及书法艺术都有重要价值。

• 寇恂守河内 •

公元23年，刘秀受更始帝派遣，持节出巡黄河以北地区。当时，河内地理位置重要，经济发达，人口众多，既是极为重要的粮食供应基地，也是闻名天下的武器生产基地。但河内的形势又非常严峻，南有更始帝的大司马朱鲔等重兵据守洛阳，北有更始帝上党太守田邑设防太行天井关，构成南北包围夹击河内之势。为建立巩固的后方根据地，确保前线军需的供应，刘秀须委派智勇双全的大将镇守河内地区，便征询将军邓禹："众将中谁可以镇守河内？"邓禹说："从前汉高祖任命萧何在关中防守，最终成就了帝业。现在河内地区有黄河环绕作为坚固的防线，人口众多，北通上党，南近洛阳。寇恂文武兼备，有统帅之才，镇守河内，非他莫属。"光武帝于是授寇恂河内太守一职，掌管大将军事务，并殷殷嘱托："河内郡城坚民富，我们将依托它成就一番伟大的事业。当年高祖帝曾留萧何镇守关中，我现在委托你镇守河内，转运军粮及战备物资，训练士卒和军马，防守遏制敌军侵袭，巩固后方。”

寇恂，字子翼，上谷昌平（今属北京）人，东汉名将，云台二十八将之一，人称“赛萧何”，能文能武，刚柔并济，既有治理一方之文才，又有独当一面之武略。25年正月，为支援光武帝北征燕、代，寇恂统领河内属县，修武练兵，砍掉淇园的竹林，造箭百万支，养马2000匹，收粮400万斛，并把这些物资及时转运到前线，为前方部队提供了充足的军需保障。同时，移淇园之竹，种植丹沁两岸，从此使河内竹业形成规模。他还下令开挖境内丰富的铁矿资源，日夜督造兵器，为北征大军提供武器。

更始帝洛阳守将朱鲔听到刘秀北征，见河内空虚，便计划乘虚而入，打垮寇恂的留守部队。为迷惑寇恂，派讨难将军苏茂、副将贾疆率兵3万，从巩县北渡，进击温县（今河南温县西）。而自己率主力数万人佯攻河阳（今孟州）孟津渡，借以吸引孟津将军冯异的河防军。寇恂得报，经过分析认为朱鲔的真正目标不是冯异，而是自己所守的河内地区。遂严令境内各县的留守部队全部紧急集合到温县前线，并派人西赴河阳，紧急告知孟津将军冯异，请他即刻分兵东援温县。寇恂说：“温县，是河内的藩蔽，丢失了温地即失去了屏蔽，而河内则无险可守，所以不能给敌人喘息时机，必须立即反击。”随之，通令下属各县发兵助战，迎击敌人，两军战于温县城下。寇恂纵兵奔击，斩杀贾疆，俘获苏茂军士上万人，投河溺死者无数，并一直反扑到洛阳城下。

寇恂

温城之战，使朱鲔的主力部队遭到了重创。洛阳震恐，而寇恂则以偏师孤旅，守住了河内南部边境，保证了刘秀主力的补给线，并且彻底扭转了双方的战争态势。光武帝听说之后，大喜过望地讲：“吾知寇子翼可任也！”寇恂坚守河内的胜利最终坚定了刘秀称帝的决心，可谓有定鼎之功。

东汉初建，光武帝纵横征战，军粮物资全由河内提供。寇恂亲自督运粮草；

畜力不足，组织人力挽车，奔赴各地，前后络绎不绝，保证了军粮供应。同时，文武百官月支的禄米也由他运粮接济，后勤工作有声有色，为新生政权的稳定立下了汗马功劳。富庶的河内，确实起到了像汉初关中那样的决定性作用。光武帝多次赐书慰劳嘉奖，寇恂功名威望日益提高。友人董崇对他说："皇上刚刚登基，天下未定，而你此时占据富裕的大郡。对内，治理地方，颇得人心；对外，屡破强敌，功名远扬。可能不经意间结怨内外，这正是小人进谗陷害之时。以前，萧何镇守关中的时候，深刻领悟鲍生之言而行之，高祖非常高兴。现在，你的许多部下有的是你的嫡系亲兵，有的是你的宗族昆弟，难道你不以前人为鉴吗？"寇恂认为他说得对，便自称有病，不行政事。

25年6月，光武帝在攻打洛阳之前，先回河内视察，寇恂请求随光武帝出征，不听；请求引退，又不听。光武帝说："河内还离不开你呀。"36年，寇恂去世，葬于河内太行山南麓。

• 汉献帝贬居山阳 •

汉献帝（181—234），名协，字伯和，汉灵帝刘宏次子。

刘协自幼聪明睿智，颇受灵帝喜爱。但他生逢乱世，命运多舛。出生不久，生母王美人就被何皇后毒害。8岁时，灵帝驾崩，后宫再次祸起，抚养他的董太后被鸩死。激烈的宫廷斗争，也让地方豪强势力虎视眈眈。中平六年（189）九月，董卓进京，废除少帝，立刘协为皇帝，改元永汉。初平三年（192）四月，吕布刺死董卓。兴平二年（195），李傕、郭汜交兵，刘协随李傕军流徙。建安元年（196），曹操将汉献帝从洛阳强行接到许都，行挟天子以令诸侯之道，汉献帝从此成为曹操的傀儡。

随着北方的统一，曹操日益专横霸道，目中无人，控制朝纲，任意行生杀大权。汉献帝每日上朝，看见曹操擅权作威，往往如芒在背、骨鲠在喉，曾多次试图消除曹操的威胁，但结果总是功亏一篑。董承、伏完、伏皇后等先后被杀，刘备逃命外地。建安二十年正月，汉献帝在曹操的逼迫下，册立其女曹节为皇后。汉献帝自知回天无术，只好得过且过，诸事不问，而曹操却由魏公加封为魏王，用天子车服銮仪。延康元年（220）正月，曹操去世；十月，曹丕逼迫汉献帝禅位，他虽然内心极不情愿，但能审时度势，认为汉朝早已名存实亡，遂三下诏书，设坛禅位；曹丕即皇帝位，改延康元年为黄初元年，国号魏，大赦天下；十一月，曹丕奉汉献帝为山阳公，曹皇后为山阳公夫人，退居河内山阳（治今焦作市东），汉魏更替顺利完成。显赫辉煌的汉帝国至此陨落，中国历史上由刘姓做君主统治全国的时代就此结束，中国再次进入一个长期分裂的时期。

汉献帝虽为山阳公，但仍可以沿用汉朝礼仪，享受一定的待遇。如可以使用天子的銮驾、服饰，祭祀天地、宗庙、先祖和年终腊祭祝福等皆按汉朝仪式，以山阳浊鹿城为王宫府邸；享有邑一万户，向曹魏皇帝奏请事宜可以不用臣下的名分，接受曹魏皇帝的诏书可以不行跪拜之礼，等等。由于当时盛传刘协被杀，刘备以此为借口，以汉室宗亲的身份即皇帝位，建立蜀汉。魏青龙二年（234）三月，刘协病逝，以汉天子礼仪葬于浊鹿城与百家岩之间，墓号禅陵，谥孝献皇帝。刘协9岁即皇帝位，在位31年，为山阳公14年，寿终54岁。葬日，魏明帝曹叡亲率群臣百官送殡；山阳百姓，无论妇孺长幼，皆失声痛哭。送殡百姓有头无尾，皆用帽子盛土在汉献帝的墓表后，竟堆起一座5亩大的坟丘；之后，附近13个村庄百姓轮流护陵，代代相传。

汉献帝刘协贬居山阳城后，倍感世态炎凉，人生如梦，遂抛弃帝王之尊，微服私访，到百姓家问寒问暖。当时，由于连年征战和疫病流行，劳力不足，加上沉重的赋税，山阳田园荒芜，民不聊生，到处是破衣烂衫、面黄肌瘦的百姓。这些被肆意践踏蹂躏的百姓，勾起了刘协对自己过去辗转流徙朝不保夕的痛苦生活经历的记忆，更坚定了他治理山阳的信念。他不但

汉献帝贬居山阳

汉献帝

深入农田亲自耕作，还鼓励农桑稼穑，同时派人四处张贴榜文，宣布以后所有赋税一律减半，垦荒种植者，免交三年赋税。消息传出，山阳百姓奔走相告，无不称颂。百姓为报答汉献帝爱民如子之恩德，每到丰收季节，争相奉送土产鲜果等以表谢意，但多被汉献帝婉言谢绝。

由于战乱，百姓不但营养不良，而且时有疫病发生，汉献帝就利用自己在皇宫里学到的精湛医术，救死扶伤，医治百姓。所制的中草药从不收费，扎针、艾灸、拔罐、刮痧更是无偿服务，只对购来的药物才酌收成本。老百姓出于对他的感激之情，沿袭成俗，焦作民间对老中医格外敬重，尊之如君，对中草药可赊可欠，但从不还价。在农村，针灸、拔罐也从不收费，以示遵守汉献帝留下来的规矩。

由于汉献帝深受百姓爱戴，民众敬之如父母，焦作一带的民众为了纪念他，常学他说的话和做的事，形成了许多有趣的风情民俗，有的一直流传到现在，对焦作的地域文化产生了深远的影响。如汉献帝和曹皇后所生儿女应叫曹操为外祖父。因曹操被封为魏公，所以焦作民间效仿曹节儿女的叫法，称外祖父为“魏公”，外祖母为“魏婆”，蔚然成俗，流传到如今。焦作民间，每逢端午节、中秋节，流行“娘瞧闺女”的习俗。缘由是汉献帝被贬为山阳公后，皇后曹节随之被软禁在山阳城。逢年过节，曹节不能去京城看望母亲，而她的母亲可以任意到山阳城探望二女儿曹节。后来民间效仿，端午节、中秋节盛行“娘瞧闺女”，流传至今。

• 修建广济渠 •

农业社会，水利是农业的命脉。古代焦作地区最著名的水利工程就是丹沁水利工程。据史料记载，引沁灌溉工程最早始于秦代。秦统一中国后，在沁河出山口凿渠灌田，并以枋木为门，以备蓄泄。此后，东汉、曹魏、隋唐及宋元的不同时期，水利工程不断得以续修。

明万历二十七年（1599），豫北大旱。次年，河内（治今沁阳）县令袁应泰和济源县令史记言联合开渠引水。开凿期间，由于岩体坚硬，乃采用传统开凿办法，即先用烈火烧灼，然后速用水激，继之用利锤锤凿，然后再用烈火烧灼。烧、激、凿轮施，日夜施工，3年建成。同时，设悬闸于洞内两崖间，控制引水。洞成，利用广济河部分河道，又修建渠堰闸桥两年，计5年时间完工。广济渠主干渠道的大致走向：自五龙口南，流经官庄、休昌折而东，又经小许村至程村交河内县界，长约9千米。先于许村东北浚减水河，长约1千米，泄入沁河。正河由程村又东经新庄、南寻村，又东至府城西南之七里桥东南，经住村入温县界，经卫村至许王村，长2.5千米。复交河内界，到保奉村东交武陟界，统计河内长约43千米。又东经武陟之二仙庙，逾温之平皋镇，又东至南贾口入河。在武陟境共约20.5千米。为防渠水泛滥冲决，在水渠要害处开减水河；两岸容易冲垮之处，用石砌固，以利永久。

广济渠主干渠，宽25.2米，全长75千米，流经济源、河内、孟县（今孟州市）、温县、武陟达于黄河。同时，细分支流，膏腴沃壤，以达充分利用之效果。各个渠段功能分明，干渠上游主要是引水，大支堰主要是输水渠，小支堰及各支堰之间小渠是配灌渠道。广济渠最为发达时期有大支堰24条，渠道纵横交错。这一水利工程的最大特点在于使用暗洞暗闸，坚固耐久，历经300余年，直至现代仍发挥着良好的经济效益。

广济渠的开凿对引沁灌溉的水源起到了保证作用，提高了引沁灌溉的安全系数。由于沁河的水量、水势、河床地质等客观条件及人为原因，广济渠也难免淤积不畅。清顺治十五年（1658），因渠堰逐渐淤塞，河内知县孙灏，全面疏浚广济渠。康熙六十年（1721），因淤废缩小，仅存15条堰，所以又重新制定分水清册。乾隆二十六年（1761），河内丞席芑，拆毁石阁，清除广济渠淤塞巨石数百块，小石数以万计。乾隆四十八年（1783），怀庆府知府布颜重加修浚，灌溉河、济、孟、温田50万亩。清后期到民国年间，广济渠日益缩小，几近荒废。1949年以后，广济渠经过几次大规模的整修、改建、扩建，已建成引沁广利渠灌区，灌溉面积达到600平方千米。广济渠漫长而不断发展的历程，是我国古代引水灌溉的光辉篇章，显示了覃怀民众适应自然、改造自然的决心，是覃怀民众心血和智慧的结晶。

· 怀帮（商）的兴起和发展 ·

怀商就是明清时期河南怀庆府（今焦作市、济源市和新乡原阳县）所属各县商人所组成的怀庆商帮的称呼，也称为“怀帮”。

怀庆府地处河南省西北部，北依巍巍太行山，南濒滔滔黄河，地处太行山以南和黄河以北的夹角地带。由于北部太行山遮挡寒流，气候比较温和。境内河流众多（黄河、济水、沁河、漭河、丹水等），提供了充足的水源。土地为河流冲积而成，腐殖质含量高，以肥沃著称；地旷民殷，素有“小江南”之美称。区内交通便利，北部太行山上，有太行八陉之轵关陉、太行陉、白陉；南部黄河，自西向东分布有富平津（今孟州市西南）、汜水关、关阳、小营口、马营口、孤柏嘴口等渡口。另外，农业经济和手工业经济发达，能为社会提供大量商品。如孟县（今孟州）所产“孟布”，闻名遐迩，吸引了陕、甘，乃至边远地区的货商云集孟县采购，交易集市难以数计，即使平日，生产布匹的市镇也是车水马龙、熙熙攘攘。怀庆所产药材更达百种之多，尤以地黄、山药、牛膝、菊花驰名。

明清时期，怀药贸易呈现出前所未有的良好发展势头。明初，经营怀药者日渐增多，并开始进入城乡集市和庙会。明代中后期以后，怀庆府府城药材商铺鳞次栉比，有的商人除经营怀药外，还兼营粮食、煤炭、竹器、杂货等，形成了怀药为主、数业并存、多种经营的局面。为推动怀药贸易的发展，他们纷纷开创自己的商号品牌，出现了诸如杜盛兴、协盛全、寨卜昌、西复兴、协丰药行、协兴药行、保和堂、永春堂、同合堂、致和堂、伯兴源、兴盛长、明盛公、百顺泉、运来合、方盛长、恒一德、鸿太昌、常泰源等一批著名商号。这些商号通过遍布全国各地的网络进行贸易，不仅促进了怀庆地区与全国各地的商品流通，发展了地方经济，而且使怀庆特产誉满中华。

怀药贸易规模的不断扩大，使怀商的足迹遍布全国各地，并且远达海外。这些商人，为便于存放货物和相互交易，同

怀帮会馆

时也给客人以居食之便，他们就在怀药的集散地筹资建设会馆。会馆的修建，标志着怀庆府属县商人组成的、以经营怀药为主的地域性怀庆商帮组织最终得以形成。帮约规定：所有怀庆府籍的商人都是怀帮成员；加入怀帮的商号，无论大小，都必须遵守怀帮规章；违反规章的，经过全行业会议，按情节轻重酌予处罚，情节重的罚其承担会馆内应用家具和建设费用，情节轻的加以批评或令其道歉。另外，会馆还是怀帮的办事机关，办理全行业销售事宜。会馆的负责人即会长，也就是怀帮的负责人；会馆设会长1人，副会长2至3人，全行业选举为人公正且有声望者充任各处会馆会长；会长之下设会计1人，会长及会计的薪金，每年由全行业会议决定，多少不等；会馆一切开支，由全行业分摊，一般是按各商号实收的1%至2%交纳会费，大商号可自动捐助。一系列制度的制定，为怀商经营的有序进行、怀商贸易的发展提供了重要的制度保障，这也是怀商经济长期繁荣的基础和缘由。

怀帮组织成立后，不但在省内如禹州、周口、开封、信阳、南阳、许昌等地建立会馆，还在北京、太原、成都、香港、晋城、长沙、汉口、南京、苏州等地建有会馆。清康熙二十五年（1686），禹州兴起了药材大会，经营怀药的商人将怀药打入禹州市场，屈同仁、协盛全等怀药商号相继开业。同治十一年（1872）三月，怀商不惜巨资兴建禹州怀庆会馆，当地群众赞扬说：“十三帮一大片，比不上怀帮一个殿。”同时，同德药行、协盛全、杜盛兴、西复兴等到天津开设分号专营“四大怀药”，其总存货量有万件以上。同德药行还在香港等地设有分庄，专门办理进出口交易。协盛全、杜盛兴等怀商在武汉九如桥巷新河边建立了三个专业性药栈市场，先后形成了药帮一巷、药帮二巷、药帮三巷、药帮大巷、全记巷、杜家巷等街道地名。

怀商继承了晋商的经商传统，在经营管理上采用“东掌制度”和“董家监理”体制，所有权和经营权严格分离，权责高度明确。在人事制度方面，坚持选贤任能，决策集中，实行人才选拔制，把家族中最优秀的子弟投入到商海。建立族人（董家）大会和董家监理制度。族人（董家）大会表决、任命各级主管，从而使用人制度科学化。董家监理制度就是把家族的人分到各店当“董家”，但没有经营管理和人事安排权。坚持民主推荐、差额选举制度。

在行政管理方面，实行两级管理体制。总店掌柜全权负责管理总店的所有事务及各分店的人事，分店掌柜全权管理分店的经营事务。总店掌柜是所有经营的总管，具有最后的经营决策权。各分店掌柜3至5年调整一次，实行异地交流。此举既提高了各分店掌柜的经营能力，也使他们能够适应商号的所有生意，同时也杜绝了一些不良现象的滋生。

在财物管理方面，实行股金制。商号生意归全家族所有，各股根据各家的人口确定；不到汇总时，一律不准动用资金。资金结算一年一次，只分红利，不能支取股金，以保证经营的正常运转。各家不准随便在货房里支款借款，其日常支出由货房统一支付。坚持统一进货制度。分号账目，必须日清月结，一季一小汇，一年一总汇，小汇和总汇都要报告总店。杜绝了贪污和虚报假账的现象。

经过数百年的发展，怀商形成了先进的经营理念，积累了丰富的管理经验，成为古代河南商人的核心和骨干力量。

• 太极拳的创立与传播 •

太极拳是焦作地区土生土长的武术拳种之一，源于河南温县陈家沟。元末明初，由于战乱和自然灾害的侵袭，怀庆府地区人烟几绝。明朝立国后，开始有计划地从山西移民，陈氏始祖陈卜，于1374年从山西洪洞县迁居河南怀庆府屯田垦荒。因陈卜精通拳术，在村中设武学社教授子孙，深为乡党所敬重，故将其居住的地方叫陈卜庄。后因陈卜庄地势低洼，涝灾频繁，又迁居温县城东10里的常阳村。因村中有一条南北走向的深沟，且陈氏家族人丁兴旺，人口众多，常阳村遂易名为陈家沟。

据博爱县唐村《李氏家谱》记载：陈卜与博爱唐村李氏始祖李清江等人，在明洪武年间一同从山西迁来焦作的途中，互相帮助、扶持，到达博爱千载寺后，遂结拜为异姓兄弟。由于两村相距不远，时常走动，发展到后来，陈、李两家世代通婚。而千载寺历史久远，有无极拳等拳术流传，子孙遂在千载寺习文练武。延续发展到明朝末年，唐村的李信、李仲兄弟与姑表兄弟温县陈家沟的陈奏庭（陈王廷，字奏庭），在精心研习家传武功的基础上，共同创立了太极拳的前身——太极养生功十三式（势），并使之在陈、李两家广泛流传，进而由陈家发展成今天的太极拳。

央视网

太极传天下

随着历史的变迁，陈王廷创造的七套拳术，传到陈长兴、陈有本这一代后，原来的一百零八式长拳和太极拳第二路至第五路，在陈家沟已无人习练，陈氏拳家已专精于具有柔、缓、稳特点的太极拳第一路和具有刚、快、脆特点的“炮捶”（今称陈式第二路），以及双人推手、双人粘枪的功夫。陈有本创造了新架，架式和陈王廷旧传的老架一样宽大，但扬弃了一些

陈家沟太极拳祖祠

高难度动作，陈家沟人称之为“略”。随后，陈清萍在此基础上，创造了小巧紧凑、动作缓慢、逐步加圈的小架式。因陈清萍赘婿于赵堡镇，人称赵堡架，陈家沟人称之为“圈”。

陈王廷旧传的老架，经陈长兴传给河北永年人杨福魁（杨露禅）。杨福魁大约于1852年去北京传习，其子杨班侯、杨健侯俱以武技高妙享有盛誉，杨福魁和杨班侯被称为“杨无敌”。杨福魁子孙三代，为适应医疗保健需要，修订拳式，发展为杨式太极拳。经其孙杨澄甫定型，流传国内外。杨福魁和其子杨班侯所教满族人全佑一套小架子，经全佑子吴鉴泉传习，遂称吴式。在国内外流传之广，仅次于杨式大架。

河北永年人武禹襄，从杨露禅处学陈式老架，又从陈清萍处学赵堡架，后来演变为武式。其架式紧凑，着重身法。武禹襄传李亦畬，李亦畬传郝为真，郝为真传孙禄堂。孙禄堂为形意、八卦名家，将三拳融合，另创一套架高步活的拳套，现称孙式太极拳。至于陈王廷所传老架系统，经陈长兴的曾孙陈发科于1928年10月去北京传习，为爱好技击者所赏识，逐渐推行到各大城市。

• 福公司与中原公司成立 •

1895年，中日甲午战争以中国失败而告终，遂出现了各国列强掠夺中国矿权的狂潮。1897年，以掠夺中国矿产为目标的英意联合公司（简称福公司）在伦敦成立，并于1898年，通过贿赂河南官绅的方式签订了《豫丰公司与福公司议定河南开矿制铁以及转运各色矿产章程》（简称《河南矿务章程》），从而取得专办怀庆左右黄河以北诸矿山的权利，并以60年为期。从此，福公司开始了在华的矿产资源掠夺活动。

1902年5月，福公司在修武县下白作村（今焦作市解放区）购地设厂办矿，命名为哲美森厂。这是福公司在焦作开办的最早的外资矿井，1903年7月，福公司擅自扩大矿区，所确定的矿界用红线标明，故称为“红界”。几经谈判，最后议定以哲美森厂为中心，东西9华里（1华里=576米），南北6华里，准福公司购地开采。因确定的矿界用黄线标明，故称为“黄

福公司开办的煤矿

界”。1903年6月，福公司开工修筑泽道（泽州—道口）铁路（9月，铁路改筑河内清化镇），以做运煤之准备。

1904年8月，清王朝正式发给福公司“黄界”开采凭单，福公司着手开采四号、六号、八号矿井。1905年5月，福公司开始建电厂，装机容量为495千瓦；7月，几经谈判，清王朝被迫赎回道清铁路。1906年2月，道清铁路建成通车；同年，福公司的一号、二号、三号矿井也正式出煤。1906年至1914年短短的8年间，福公司就从焦作掠夺了274万余吨煤炭，并大部经由道清铁路运销天津，或以船转运东北或上海等地，从而获得大量的利润，成为当时全国产量较大的属于垄断地位的7家外资和中外合资的煤矿之一。

为生活方便，福公司在哲美森厂附近修筑街道，设立商店、澡堂、理发店等场所，开辟焦作矿区生活区，并将其街道命名为哲美森街。发展到20世纪20年代，焦作被誉为“小上海”，成为河南省乃至全国赫赫有名的繁华工业城市。“哲美森镇”也从此成为英国福公司在华进行侵略活动的大本营，以及扩大侵略的桥头堡。

帝国主义的经济侵略激起了中国人民的反抗，从1903年起，全国掀起了收回矿权运动。而中国的爱国绅商，不满利源外流，在开展收回矿权斗争的运动中，集资开办了一批煤矿。当时，焦作有小煤窑100多家，土窑800多个，其中靳法蕙、王明贤、马汉卿、部明德、张纪华等人的煤窑较大，但全为土法开采，产量很低。他们在福公司先进技术和管理的刺激下，先后成立了近代化的管理公司。靳法蕙于1906

年开办凭心煤矿公司，1907年，吸收官股加入，成为官商合办的凭心煤矿公司。凭心煤矿公司是近代焦作为抵制福公司掠夺煤炭而成立的第一家民族煤矿公司，是焦作近代民族资本采煤业的先锋。1912年，为了阻止福公司垄断矿业，靳法蕙组建了中州煤炭股份有限公司。同期，王明贤等人组建豫泰公司，靳登朝、郜明瑞等成立明德公司，马汉卿、郜明德等成立民治公司，张纪华等成立民有公司。这些公司的陆续组建，对焦作城市和经济的兴旺与发展起到了重要作用。

为对抗福公司垄断焦作煤业，中州、明德、豫泰三公司经多方协商努力，于1914年8月8日，共同签订《中州、豫泰、明德三公司合并组织中原公司合同》；9月18日，签订《中原煤矿股份有限公司章程》，并选举胡石青为总理、王敬芳为协理。中原公司成立后，矿区扩大，总资本由100万元增至300万元，日产煤1000多吨，雇用工人4000多名。从此，中原公司煤炭产量日增，销售日畅，名声日振，不但成为当时国内规模较大的官商合办的煤矿股份有限公司，而且还成为河南财政收入最大的来源，也因此引起了各利益集团对公司的觊觎。中原公司是与福公司在焦作矿

中原公司大门

区抗衡而建立的，对发展民族工业，抵抗外国资本的经济掠夺，发挥了重要作用，也使福公司企图独霸焦作煤矿的野心未能得逞，从而使焦作煤矿避免了被外国资本独占局面的出现，保护了国家的利益，捍卫了民族的权利和尊严。这是河南人民保卫矿权斗争的重大胜利，也是河南民族资本企业坚持民族气节的硕果。但是，民族工业在帝国主义的排挤、限制和封建统治者的残酷压迫剥削下，发展十分缓慢。

中原公司成立后，与福公司在煤炭销售价格方面展开了激烈的竞争，关系极为紧张。为避免两败俱伤，博取厚利，两公司经过谈判，于1915年5月7日在北京签订《议结英商福公司矿务交涉正合同》和《福中总公司组织章程》；6月1日，在焦作成立福中总公司。福中总公司成立后，哲美森厂不断发生透水事故，造成福公司连年亏损。为此，福公司根据“红界”范

围的开采权，开工新建李封、王封大井，并在附近收买和开凿了一批小煤窑。1925年，上海发生“五卅运动”，福公司工人积极响应，福公司从此停产达7年之久。同时，中原公司于1922年12月，采用现代科学技术开建李河现代化新矿井，还建起了发电厂、贮煤场等现代化系列煤矿设施，成为焦作矿区民族资本最现代化的煤炭矿山企业。1925年以后，中原公司由于受罢工浪潮、军阀混战、军阀官僚交替接管煤矿等影响，煤炭生产受到严重打击。1927年8月，中原公司收归省管。由于战乱，到1930年4月，生产基本停止。

1930年10月，军阀混战结束，李文浩任中原公司监督。经过矿务整顿，中原公司生产逐渐复苏。1934年9月，蒋介石委派翁文灏为“整理河南中福矿务专员”，负责矿务整顿工作。1947年12月，中福公司迁汉口，在焦作设立矿厂总管理处。1948年10月20日，解放焦作战斗打响，中福公司南迁武汉。至此，结束了中福公司在焦作的煤炭开采活动。

焦作以煤兴市，福公司和中原公司相关的煤炭公司的配套设施和生活设施建设，奠定了焦作早期城市的雏形，促使焦作迅速完成了从农村集镇向现代城市的转变。两公司的发展和壮大，使焦作迅速发展成为现代化的都市，极大地推动了焦作早期的城市化进程。同时，中原公司也成为河南省政府最大的财政来源渠道，为河南省的发展做出了重大贡献。

• 焦作路矿学堂创办 •

——中国第一所矿冶大学诞生

鸦片战争使中国逐步沦为半封建半殖民地社会，拉开了中国近代史的序幕，开启了“中学为体，西学为用”的近代教育办学模式。

1898年6月21日，《豫丰公司与福公司议定河南开矿制铁及转运各色矿产章程》（简称《河南矿产章程》）在北京总理衙门签订，给予福公司专办怀庆左右、黄河以北诸山各矿60年的权利。其中的第13条还特别规定：在各矿出煤以后，福公司特别提供办学经费，在矿山附近开设矿务铁路学堂，培养专门开矿技术人才。这是创办焦作路矿学堂最早的法律依据，其法律条文成为戊戌变法后，国外资本在国内开办矿业必须附设学校的唯一法源。

福公司出煤后，却迟迟不履行合同条文。经过河南省政府与福公司近一年谈判，双方于1909年2月25日签订了《河南交涉洋务局与福公司见煤后办事专条》（简称《专条》）。《专条》在规定福公司售煤方案的同时，对福公司开办路矿学堂做了规定：路矿学堂春季开学，除生活用具由学生自备外，其他统由福公司提供。3月1日，福公司在哲美森厂附近的西焦作村投资建设的焦作路矿学堂举行开学典礼，田程出任监督（校长），总理其事。

1911年2月，福公司因“黄界”“红界”之争，于首届学生毕业后，即单方面停办焦作路矿学堂。此后，河南代表多次与福公司交涉纳税设学之事，均未果。1913年12月8日，谈判代表许沅、胡石青、王敬芳等前往北京与福公司代表谈判解决“黄界”“红界”之争，并再次要求恢复路矿学堂。1914年8月8日，中原公司成立，表示愿意分担部分办学经费。经过谈判，许沅等于1914年11月9日同福公司总董堪锐克签订《议结英商福公司矿务交涉草合同》。其中第4条规定，福公司应办矿务学校一处，每年经费由福公司供给。1915年6月1日，在开封恢复停办近3年的路矿学堂，并命名为福中矿务学校，王法岐为校长。此后，学校发展虽历经坎坷，但从未中断，至20世纪30年代进入辉煌繁荣发展时期。1930年12月至1937年10月，李文浩、孙越崎先后任中原公司监督、董事长及中福公司总经理，他们热心教育事业，关注

焦作路矿学堂校貌

私立焦作工学院大门

学校发展，不断增拨办学经费，使学校各项建设蒸蒸日上。朱端、张仲鲁、张清涟先后任院长，积极整顿校务，规范完善规章，增聘海外教授，改革教育制度和课程设置，添科设系并加大基础设施建设，使学校发展达到鼎盛时期。卢沟桥事变后，1937年11月学校迁至西安。1938年3月，再迁甘肃天水；7月，与国立西北联合大学工学院、国立东北大学工学院合组为国立西北工学院；11月，迁陕南城固古路坝办学。1946年10月，复校洛阳关林，随之先后迁郑州、苏州办学。1949年8月，再迁焦作办学，改名为国立焦作工学院。1950年9月，易名焦作中国矿业学院。1951年6月，学校主体迁天津。2004年，经国家教育部批准，改名为河南理工大学。

自焦作路矿学堂成立后，校名数易，历经福中矿务学校、福中矿务专门学校、福中矿务大学、私立焦作工学院、国立西北工学院、国立焦作工学院、焦作中国矿业学院、焦作矿业学院、焦作工学院、河南理工大学等阶段；校址屡更，先后在焦作、开封、西安、天水、汉中、洛阳、郑州、苏州、焦作等地办学。一路走来，虽极为艰辛，但探究真理，学以致用，树吾国学术独立之先声，培育英才，矢志工矿，备物质建设之先锋，弦歌未尝一日辍，充分体现了学校师生自强不息、奋发向上的精神和斗志，以及“教育是立在精神上的，而不是立在物质上的”（张伯苓语）崇高品格。

100多年来，学校先后培养出了以师昌

绪、高景德、李恒德、张沛霖、傅恒志、刘广志、陈秉聪、张铁岗等两院院士为代表的一批杰出科学家和以武胡景、张滨潢、张朝俊等为代表的革命家和社会活动家，他们为国家和民族的振兴做出了不可磨灭的贡献，形成了“自强不息，奋发向上”的办学精神、“明德任责”的校训、“好学力行”的校风和“勤奋务实、爱国爱校”的优良传统。这是在实践中提炼出的办学灵魂，是在特定环境中积淀而成的深厚文化，有着巨大的凝聚力，激励着广大师生在坎坷曲折的道路上不断奋进。

• 焦作煤矿工人大罢工 •

1925年5月15日，上海日商纱厂工人、共产党员顾正红因抗议资本家无理开除工人，被日本帝国主义枪杀。5月30日，英国巡捕在上海南京路屠杀大批游行示威群众，制造了震惊中外的“五卅惨案”。英日帝国主义的野蛮行径，迅速激起了全国人民的反帝怒潮，并以前所未有的磅礴气势，在焦作矿区迅速点燃。

6月4日，福中矿务大学（简称矿大）首先响应上海人民的反帝斗争，召开学生大会，成立组织委员会，领导反帝运动，并一致决定举行罢课，吹响了焦作煤矿工人大罢工前的第一声号角。6月5日，矿大学生宣布罢课。学生们组织讲演团深入福公司煤矿及沁阳、修武等地，进行讲演，劝导商人罢市，激发群众抗击帝国主

声援『五卅』领导人合影

义的决心，并与各团体接洽，促成人们一致援助沪案并进行反帝爱国斗争。在矿大学生的帮助和推动下，修武、沁阳两县率先成立了“沪案后援会”，一致决定援助上海人民的反帝爱国斗争。

6月14日，各级学校师生和各团体人士等六七千人在矿大操场举行集会，号召全市人民投入到反帝爱国斗争中。会上，成立焦作学生联合会，同时，焦作商会也宣布罢市两天；随后，举行游行示威，夹道声援的市民亦有两三万人，声势浩大。6月15日上午，焦作各界在福中总公司的广场上召开公民大会，参加的工人、农民、学生、商人有1万余人。会上，讨论通过了九项雪耻条件，即收回英、日租界，道歉，释放被捕人士，惩英捕，恤死伤，赔偿损失，撤军舰，取消英、日在华特权，撤领事。同时，决定16日开展罢工、罢课、罢市的“三罢”斗争。16日，参加“三罢”斗争的人员达20万人之多，轰动全国。

6月中旬，中共中央、中共北方区委和中共豫陕区委先后派遣罗思危、杨天然、吴光荣等来到焦作，发动和领导罢工运动，支援沪案。他们一到焦作，就同矿大进步学生吴会治、周福元等人走遍福公司、中原公司和道清铁路各处，了解工人所受的压迫和痛苦，启发工人的阶级觉悟。经过宣传发动，培养和团结了一大批积极分子，并于6月下旬成立了“焦作各界援助沪案后援会”，吴会治任会长，徐沛三为豫北三府宣传总代表兼焦作宣传队队长，宣传募捐以支援罢工运动。后援会的建立，宣告了焦作人民反帝统一战线的形成，标志着焦作的反帝爱国斗争进入了新阶段。7月5日晚，中共焦作地委在扶轮小学召开各界积极分子联席会议，与会工人、学生、商人和市民代表共计100多人，一起商讨进一步开展罢工、罢市、罢课斗争。经过讨论，决定首先举行福公司雇员大罢工，并提出“斗争不胜利，坚决不复工”的口号。6日，英国福公司的厨师、花匠、杂役和翻译等雇员200余人举行罢工，并成立厨师工会和厨师工会纠察团，拉开了福公司煤矿工人反帝大罢工的序幕。继而，学生罢课，商人罢市，互为支援。

7日下午，各界代表及学生、群众3 000余人在广场举行群众大会，代表们次第演说，声讨英日的血腥罪行。8日，福公司煤矿工人及学生、商人举行反帝大集会，会后举行了反帝大游行。9日，福公司6 000名煤矿工人举行总罢工，锅炉熄火，电灯失明，矿工离矿，英人断炊。接着，成立焦作煤矿工会，郭玉山任会长。游行示威后，开展反帝大宣传，徐沛三带领豫北学生代表、宣传委员徐亚英及成员张斌等，连同上海学生京汉线宣传团代表范争波、张义德等，一连数日在豫北各县及焦作矿区开展宣传和募捐活动，呼吁各界积极支持罢工运动。12日，发表《焦作煤矿工人罢工宣言》，并通电全国，这就是闻名中外的焦作煤矿大罢工。7月14日，全国铁路总工会发表通电，声援焦作煤矿工人大罢工。16日，道清铁路工人举行声援罢工，坚持了7天。31日，党的领导人罗思危及罢工领导人吴会治、秦梦虎、江田等，又到中原煤矿公司发动工人参加反帝斗争，并于8月10日举行了声援罢工，大大鼓舞了正在坚持斗争的福公司煤矿工人大罢工，也充分显示了焦作人民反帝爱国的团结精神和革命精神。

福公司的焦作煤矿工人反帝爱国大罢工，在全国引起了强烈反响。河南各界沪案后援会纷纷发起募捐活动，接济福公司煤矿罢工工人。中原公司、六合沟煤矿公司除资助津贴外，还安置了1500名福公司煤矿工人工作。北京、上海、汉口、开封、郑州、新乡、安阳、汲县（今卫辉市）等地工人和道清、京汉、陇海等铁路工人及修武、博爱等县农民，纷纷举行集会和示威游行，从政治上和经济上声援和支持福公司煤矿的工人罢工。随着“五卅运动”反帝爱国斗争的深入发展，9月18日，河南省总工会在郑州隆重举行成立大会，焦作煤矿总工会是发起团体之一。江田代表焦作煤矿总工会参加成立大会。大会热烈赞扬并决定支持焦作煤矿工人的斗争。按照河南省总工会成立大会的精神，焦作煤矿总工会、道清铁路工会、厨师工会、职员工会等联合成立了焦作总工会。会址设在商会街，门前竖起两杆大旗，被誉为“工人政府”。

福公司焦作煤矿全体工人大罢工后，福公司千方百计破坏罢工。一方面，利用封建把头瓦解破坏工人队伍；另一方面，企图从开滦煤矿招募矿工来焦作进行复工，破坏罢工运动。焦作煤矿工会于8月2日发表了《河南焦作煤矿工会致开滦诸工友书》：我们罢工原为打倒英日在焦作的恶势力，与全国的反帝运动是一致的，希望开滦工友完全拒绝，并本着工人阶级一致及全民一致之意，从速设法制止此事。致开滦诸工友书迅速得到了开滦煤矿工人的响应和声援，福公司诡计失败，大部分英国人和印度巡捕不得不离开焦作，逃到北京和天津观望形势发展。

10月底，福公司被迫与罢工工人进行谈判，工人提出解决罢工的22条复工条件，福公司拒绝接受，谈判陷入僵局。11月初，福公司总经理堪锐克来到焦作，用威胁、利诱、分化等伎俩破坏罢工运动，仍以失败告终，最后不得不坐下来同焦作煤矿工人举行首次复工谈判。经过三次谈判，福公司被迫于1926年3月2日与工人罢工指挥部签订了《一九二六年罢工合同条款》。至此，长达8个月之久的焦作煤矿工人大罢工，以工人的胜利而结束。这次煤矿工人大罢工沉重地打击了福公司在中国的势力，也在中国工人运动史上留下了光辉灿烂的一页。

焦作煤矿工人大罢工是一次伟大的反帝爱国运动，引起了全国各地各界群众的关注和支持。全国铁路总工会专门发来电报，河南省各界沪案后援会为此发起了募捐，《申报》《晨报》《新闻报》《民国日报》，以及天津《大公报》、长沙《大公报》等媒体对罢工进行了广泛报道。1925年12月，毛泽东同志在发表的《中国社会各阶级的分析》一文里，对焦作煤矿工人的罢工给予了高度评价：“工业无产阶级人数虽不多，却是中国新的生产力的代表者，是近代中国最进步的阶级，做了革命运动的领导力量。我们看四年以来的罢工运动，如海员罢工、铁路罢工、开滦和焦作煤矿罢工、沙面罢工以及‘五卅’后上海香港两处的大罢工所表现的力量，就可知工业无产阶级在中国革命中所处地位的重要。他们所以能如此，第一个原因是集中。无论哪种人都不如他们集中。第二个原因是经济地位低下。他们失了生产手段，剩下两手，绝了发财的望，又受着帝国主义、军阀、资产阶级的极残酷的待遇，所以他们特别能战斗。”

• 常平阻击战 •

1939年7月，侵华日军为打开太行山南侧的豫晋通道，包围八路军太行、太岳军区，实现其分割、蚕食、摧毁晋冀豫边区根据地和侵吞中原的企图，侵华日军铃木部队牛岛师团从京汉、道（口）清（化）铁路沿线——沁阳北部的山王庄、盆窑、万善、西万、校尉营一带集结重兵近3万人，沿太行山“古羊肠坂”军事战略通道向山西进攻。国民革命军第四十军一一五旅在旅长黄树勋的指挥下，与日军在南太行山进行了一场大规模阻击战——史称“常平阻击战”。

常平位于海拔800米的碗子城山前，十几公里长的古羊肠坂道在此穿过，是“上党门户”。当时，一一五旅驻防在沁阳的窑头、老马岭、常平一带，旅指挥部设在常平村。时任沁阳七区区长的地下党区委书记田时风带领区抗日武装，根据上级“把日寇阻击在太行山南、缓解太行根据地压力”的指示，他奔走太行山区，宣讲抗日救国主张，激发军民的抗日热情，配合一一五旅行动，制订作战方案，在近10公里长的太行山山脊以南筑起三道防线，与一一五旅共同展开英勇的抗日阻击战。同时，动员当地群众，筹集木料，修筑工事，挖筑防空洞，组织担架队、救护队、运输队，把粮食、家什衣物集中存放，为部队提供后勤保障。7月初，进攻与阻击的战斗同时在太行山南麓东西两个战场打响。其中，老马岭是晋豫通道咽喉，又是此次阻击战的前沿阵地。窑头在公路侧翼，是日寇必经之路。日寇要想打通晋豫通道，西路必先占窑头，东路必占老马岭夺取常平。因此，守住这两个阵地，是此次阻击战胜利的关键。

黄沙岭是校尉营日军北犯窑头的必经之路，是窑头的前沿阵地。黄沙岭有守军一个连，以阻击北犯之敌。一旦前沿阵地失守，就阻敌于窑头山下；窑头失守，主力向东迂回，固守常平。西路日寇为了打开太行山上通往山西窑头的通道，昼夜不停地向黄沙岭炮击。面对日军的重炮轰击，抗日将士毫不畏惧，子弹打光了，就用滚木礌石；石块用完了，就与敌人肉搏。终因寡不敌众，全连战士全部壮烈殉国，但日寇也付出死伤500余人的代价。由于汉奸出卖，日军利用守军换防休整之际，发动突然袭击，旅参谋长战死，窑头失陷。黄旅长和田时风闻讯，决定弃守黄土岭，退守另一高地关爷坡。黄旅长率领特务营、大刀队亲临关爷坡前沿阵地，与日寇展开激战；田时风带领区武装队积极配合；日军牛岛师团长把指挥所设置在窑头村西，亲自督战。大战持续20余日，日军尸横遍野。而连日大雨，又使阵前血水、雨水漫流成河。见此情景，牛岛恼羞成怒，竟惨无人道地使用国际公约禁用的毒气弹，但防守战士仍戴着防毒面具毅然继续战斗。日军黔驴技穷，只得大量增兵继续猛攻，剩余守军终因势单力薄，被迫转移到常平山口继续抵抗。

老马岭是山王庄通往常平的南大门，西路日军在进攻黄沙岭的同时，东路日军成连、营、团建制地向老马岭猛攻，都一次次被守军打退，激战数日，日军始终不能前进一步。最后因敌众我寡，力量悬殊，老马岭失守，第一道防线被突破。守军且战且退，退守常平山口。在常平山口，田时风与守军采用“手榴弹近战”的战术，连连打退敌人的进攻，战斗极为残酷，副旅长在此阵亡。日寇在久攻不下、伤亡惨重的情况下，竟狗急跳墙使用毒气弹，400多名守军因没有防毒设备而壮烈牺牲，第二道防线失守。抗日将士且战且退，在常平大街，利用村道曲折、家户连通的有利条件，同日寇展开了激烈的巷战、残酷的拉锯战和短兵相接的肉搏战，几进几出，使日军死伤近千人。终因敌我力量悬殊，守军被迫撤出第三道防线常平，最后退至豫晋交界的太行要塞——孟良寨进行防守阻击。在孟良寨，经过一天一夜的浴血奋战，打死日寇300多人。由于队伍伤亡惨重、弹药得不到补充，抗日将士被迫撤出阵地，留下掩护的一个排战士顽强阻击日军，最终全部为国捐躯。

常平抗日阻击战前后持续49天，大小战斗400多次，共消灭日军2 000多人，同时守军副旅长、参谋长在内的3000多名抗日将士壮烈殉国。此役沉重打击了日军的嚣张气焰，鼓舞了晋豫抗日军民的志气，为晋豫边区军民组织大规模的反“扫荡”斗争赢得了时间。中国共产党领导的抗日武装，同国民党军黄树勋部并肩战斗，更是谱写了一首国共合作、精诚团结、同舟共济、共同抗日的民族史诗。

• 道清战役 •

1944年12月，根据中共中央消灭日伪、扩大解放区、缩小沦陷区的指示精神，为开辟豫北抗日新局面和建立平川游击根据地，肃清道清铁路两侧及沁河、卫河以北两大地区的日伪军大小据点，太行军区第七、第八军分区共同行动，在豫北道清铁路地区，于1945年1月至4月对日伪军发起了猛烈进攻。第七军分区在辉县薄壁、百泉一带牵制敌人，伺机歼灭敌人；第八军分区在道清铁路以南的修武、武陟、博爱连续奔袭敌人，开辟了抗战新局面。

1945年1月21日夜，太行军区第七、第八军分区主力部队自峪河、九里山等地南下，越过道清铁路，奔袭郇封、宁郭、小董等地之日伪军，歼灭申占庆、郭兴亚部；随后，在沿沁河北岸100余里的战线上，发起连续攻势，辗转突击，寻歼国民党顽固派张敬忠部4个团约4000人，击毙团长刘新一，收复宁郭、武阁寨、中和镇、小高、小董等40多个日伪军重要据点，摧毁碉堡数十个。29日至30日，收复谢旗营、程封、徐营镇等日伪军据点，缴获军用物资无数。31日，驻焦作等地日伪军分别从沁阳、博爱、焦作等地出发，分三路合击小高镇军分区司令部，企图挽回败局。第八军分区司令员黄新友指挥部队实施反击，以三个团兵力设伏于樊庄地区，经一个下午激战，将由焦作南犯的日军的一个中队全部歼灭，击毙吉田中队长以下60余人，仅大队长尤角光只身逃走。其余各路日伪军遭阻击后，纷纷撤回。由于指挥正确、将士齐心及参战部队高度顽强的战斗意志，第八军分区部队创造了一次歼灭日军一个中队的辉煌战例，大大鼓舞了抗日军民的士气和斗志，有力地巩固了道清铁路以南新开辟的抗日游击根据地。

2月20日，黄新友司令员率军突然攻击伪军独立第十四旅刘明德部所占据的大陆村、马坊、五里源等据点，经4小时激战，先后攻克陆村、焦庄、马坊等据点，击溃十四旅一团，歼灭二团，活捉伪团长都博中。2月21日下午，八路军出动三个主力团，在修武地方武装及抗日民众的配合下，向五里源发起总攻，刘明德旅部及所属第三团一部被击溃，一部被歼灭，刘明德趁夜逃走。五里源战斗的胜利，将道清铁路南北的抗日根据地连成一片，基本上改变了道清铁路南敌强我弱的不利局面，使太行区抗日根据地的武装力量能够从山区直接南下，穿越道清线西渡黄河，从而支援豫西的抗日武装斗争。

同时，第七军分区部队在张廷发司令员的指挥下，先后攻克辉县赵固、峪河、百泉等重要据点7个，摧毁大小碉堡89个，击溃进攻薄壁的日伪军1500余人，并袭入辉县城关，收复除辉县县城以外的全部地区。3月9日，为策应第七军分区战斗，第八军分区主力南渡沁河，挺进温县、孟县等地区，横扫张敬忠残部，先后攻克大司马、西张计、黄庄、后杨磊、徐堡、崇义等大小据点30余处，并一度攻入温县县城。3月19日，部队向博爱外围进攻，连克阳庙、东西界沟、东西金城、许良、大辛庄等敌伪据点，歼敌百余人，解放了博爱山区的大部分地区。日军连遭打击后，仓皇收缩兵力，加强了对修武等城的守备，造成新乡、郑县（今郑州）、开封之间兵力空虚。3月25日，第七军分区主力部队乘机挺进原武、阳武地区，展开连续攻势作战，攻克王村、盐店庄等日伪军据点7处。27日、31日，两次袭入原武县城，迫使伪保安大队长徐子俊率300余人投诚，10天歼灭日伪军600余人。八路军控制了除原武、阳武县城以外的大片地区，为我军进军黄河北岸、开辟温孟地区、支援豫西部队作战创造了极为有利的条件。4月2日，道清战役胜利结束。

道清战役是我军在敌后向日伪军发起局部反攻的揭幕战，此战役的胜利，大大削弱了豫北日伪军的实力，鼓舞了豫北人民抗日的信心和斗志，提高了八路军野战部队协同作战的能力。此战历时70余天，太行军区采取闪电式战术，以不足3000人的兵力，歼敌2500多人，收复国土2000平方公里，解放人口75万，扩大解放区200余平方公里，建立了修武、武陟、温县、获嘉等多个县级抗日民主政权，密切了太行山区与冀鲁豫平原区、黄河以南豫西解放区的联系，也是八路军由游击战向运动战转变的成功尝试，其参加部队之多、战役时间之长、取得战果之大，都是当时少有的。1945年4月11日，中共中央军委发出通报，肯定了道清战役的作战经验。

名人扫描

——历史天空的璀璨群星

焦作自古多情，自古风流。

这块温暖的黄土地，自古以来就是中华民族的摇篮和中华文明的发祥地之一。这里拥有源远流长的传统文化和博大精深的文化底蕴，这里曾经哺育了许许多多彪炳史册的先贤巨子——

雄才大略、卓尔不群的司马懿父子结束了中国近百年的分裂动乱局面，开创了两晋155年的基业，在中华民族史册上书写下了浓重的一笔。

“文起八代之衰，道济天下之溺”的唐宋八大家之首韩愈，千百年来被人们誉为“泰山北斗”“百代文宗”。

“布衣王子”朱载堉七次辞爵让国，潜心治学，在数学、天文、音乐、舞蹈、物理、计量等方面成就巨大，被中外学者誉为“东方文艺复兴式的圣人”“上帝赐予人类的骄子”。

陈王廷在继承中国传统武术的基础上，依据古代太极学说、阴阳五行学说，融古代导引术、吐纳养生术和中医经络学说于一体，大胆创新，编创了一套阴阳开合、虚实转换、刚柔相济、快慢相间、老少咸宜的太极拳。

魏晋时期特立独行的竹林七贤，晚唐诗坛巨擘李商隐，宋代山水画家李唐、郭熙、李迪，道教宗师司马承祯，元初极力推广汉法、擘画开国治式的许衡，晚清理学家李棠阶，为开发台湾、保卫台湾做出重大贡献的曹谨，以及“狼牙山五壮士”之一宋学义都在中华民族史册上留下了绚丽的篇章。

这些名人先贤的丰功伟绩、高风亮节，是焦作人民的宝贵文化遗产和精神财富。

• 孔门十哲之卜商 •

卜商（前507—？），字子夏，春秋末期晋国人，孔子弟子，是“孔门十哲”和“七十二贤士”之一。

卜商幼年家贫如洗，父亲卜启周以佣工为生。苦难的童年造就了他自强不息、贫贱不移、威武不屈、孤傲勇武的性格。公元前493年，年仅15岁的卜商风尘仆仆地赶到卫国帝丘（今河南濮阳市西南）拜孔子为师。从此，一直随侍在孔子身边，是孔子得意弟子之一。

卜商聪明颖悟，勤奋好学，文学修养深厚，孔子视其为“文学”科的高才生。孔子晚年整理古代文献典籍时，特意安排卜商做助手，帮助编订《诗》《书》《礼》《易》《乐》《春秋》。孔子十分赏识卜商的才华和勤奋，称赞说：卜商对于《诗》的理解，比其他学生深刻得多，我没有看错人呀！

卜商

孔子去世后，卜商和冉雍等弟子用3年时间追忆孔子的日常教导训诲和生活情况，整理成一部语录体的书——《论语》。后来，《论语》成为儒家经典，对我国的教育和文化产生了深远影响。同时，卜商又为《诗》作《序》，为《礼》作《仪礼丧服》等。卜商的《诗序》被我国历代文学家视为不朽之作。

公元前476年，卜商应邀到魏国讲学，长期在西河（济水、黄河间）设馆授徒，先后教授学生300多人。

卜商是继孔子之后伟大的思想家和教育家之一。他不仅全面继承了孔子的教育思想和教学方法，还根据当时兼并战争频繁、社会变革在即的现实，与时俱进地将经世之术、治国之策纳入教学之中，独树一帜地提出了全新的政治主张和教育方

卜商

针。他培养学生的目标，不是克己复礼、墨守成规的儒生，而是有知识，知权变，具有治国、强兵、富民本领的饱学之士。

卜商认为，为了培养具有真才实学的人才，关于兵、农、耕、战等方面的专业知识都应该纳入教学计划。学生学习的内容应该有利于国计民生，能够解决现实中的各种问题，因此关于民生日用的各种技艺也应该属于教学内容。

由于卜商教育有方，西河学派人才济济。在战国波澜壮阔的政治舞台上叱咤风云的著名政治家、军事家李克、吴起、田子方、段干木、禽滑釐，经学家公羊高、穀梁赤等都是卜商的学生，后期的荀子等都是他的再传弟子。志在变法图强的魏文侯也拜他为师，经常向他咨询国政，学习“六艺”。从此，卜商成为名副其实的帝王师，这是儒家学派当时得到的最高礼遇。

由于卜商做了魏文侯的老师，而且亲自坐镇西河，华夏文化的重点就转到了魏国，形成了著名的西河学派。经过十几年的努力，西河俨然成为英才辈出、闻名遐迩的教育中心，魏国也成为不可替代的文化宗主国，卜商自然也成为名满天下的大学者、大教育家。

• 军事谋略家——司马懿 •

司马懿（179—251），字仲达，三国河内温县（今温县西南）人。出身于世代官宦的名门望族，多谋略，擅权变，是一位雄才大略、文武兼备、兵动若神的政治家、军事家。他“受遗二主，佐命三朝”，为稳定曹魏政权做出了贡献，也为自己的孙子司马炎以晋代魏统一中国奠定了基础。

司马懿天资聪颖，博学多才，文武兼备，多次受到南阳太守杨俊、尚书崔琰的称赞。建安六年（201），司马懿就在河内郡担任下层官吏。时任司空的曹操听说司马懿德才兼备，准备提拔他当官。不料司马懿并不买账，推说自己身患风痹不能应召。

建安十三年六月，曹操废除三公制度，晋封自己为丞相，独揽大权。他再次征召司马懿入朝做官，司马懿不得已应征入朝，担任了丞相府文学掾。

三国军事家司马懿

司马懿

足智多谋的司马懿擅于在官场韬光养晦。对于分管的具体事务，他夜以继日，埋头苦干，尽心竭力干好。同时，在一些关键问题上，不失时机地提出建议以显示忠诚和才华，逐渐取得了曹氏父子的信任。

曹操自称魏王后，立曹丕为太子，司马懿充任太子中庶子，经常为曹丕出谋划策，深受器重，与陈群等号称“太子四友”。尤其是延康元年（220）底汉魏更迭，司马懿更是主要策划者和执行者。当时，司马懿率领的十几万大军就驻扎在临颍繁城镇受禅台附近。

从此，司马懿取得了曹魏集团的绝对信任并进入了权力中心，成为最重要的谋臣和独当一面的军事将领。曹丕称帝后两次南征伐吴，都委托他镇守京城，“内镇百姓，外供军资”。曹丕临终时，诏司马懿和曹真、陈群等为辅政大臣，共同辅佐曹叡。

在曹叡执政期间，司马懿凭借拒蜀、抗吴、南擒孟达、北平辽东的丰功伟绩擢升为大将军。曹叡去世后，司马懿承担了和曹爽共同辅佐幼帝曹芳的重任。

在军事方面，司马懿被赞“兵动若神，计无再谋”。太和二年（228）正月，他率领大军千里奔袭，镇压叛乱、擒获孟达，就是一个速战速决的典型战例。孟达原为蜀将，后降魏。曹丕病逝后，在诸葛亮的策反下，孟达又想叛魏归蜀。驻守宛城（今南阳）的司马懿当机立断采取措施：一是写信假意安抚孟达，延缓其举事时间；二是火速调兵遣将，迅速出兵征讨。太和二年正月，司马懿亲自率领一支精兵从宛城出发，偃旗息鼓，日夜兼程，仅用8天时间便兵临上庸城下。仓皇应战的孟达惊呼：“我刚刚举事，司马懿就兵临城下，真是太神速了！”

吴、蜀急忙派兵赶来援助孟达。司马懿分出两支人马，阻击东西两线援军，同时身先士卒昼夜攻城。经过16天的鏖战，司马懿攻破城池，擒杀孟达，俘获万余人，干脆利落地打了个漂亮的歼灭战。

景初二年（238）正月，司马懿率大军远征辽东叛乱的公孙渊。这次，他根据双方的实际情况随机应变，先后采取避实击虚、奇兵奔袭、围而不战、地道战等奇谋，取得了完全的胜利。秋八月，襄平（治今辽宁辽阳市）城破之后，司马懿以铁血手腕开始屠城，15岁以上的男子全部杀死，还杀害了缴械投降的将军毕盛等公卿官吏、将士2000余人。

“六出祁山”是诸葛亮“鞠躬尽瘁”“兴汉伐贼”的精心之作。这是蜀汉和魏国之间的战争，也是诸葛亮和司马懿两位军事谋略家军事才能的较量。

在和诸葛亮斗智斗勇的较量中，司马懿始终采取“战略上防御，战术上固守，战役中灵活多变”的战略方针。在这场长达7年之久的激烈较量中，司马懿取得了最后的胜利。假如没有雄才大略的司马懿做统帅，没有那一套行之有效的持久战战略，魏军要抵抗善于治军的诸葛亮及训练良好、纪律严明的10万蜀军是十分困难的。

除军事方面外，司马懿在经济上也为魏国做出了重大贡献。曹魏政权为了恢复北方经济，解决军粮问题，曾推行包括民屯、军屯两类的屯田制度。司马懿在推广军屯事业上有很大的建树。这种大规模的屯垦，对促进北方经济的恢复和发展，特别是对增加曹魏的财力，支持与东吴的战争，起了重要的作用。

央视网

跟司马懿学管理

在政治方面，司马懿是韬晦谋变、后发制人的谋略家。景初三年（239）春正月，齐王曹芳继位后，曹爽开始和司马懿争权夺利。司马懿以退为进，请病假在家休息，暗地里却招募训练了3000名死士（敢死队员）。曹爽曾借心腹李胜调往荆州之机，让他以辞行为由，前去打探司马懿的动静。司马懿立刻猜出了他的来意，便将计就计，气喘吁吁地躺在床上，在两个侍女喂粥时将粥洒满前胸，并且假装病入膏肓，思维混乱，耳朵失聪，言语颠倒……曹爽信以为真，不禁大喜过望，从此便不再提防司马懿了。

嘉平元年（249）春正月，司马懿借机发动了对曹爽的反攻，曹爽兄弟束手就擒。不久，司马懿以大逆不道、企图谋反的罪名将曹爽集团全部处死，并灭其三族。这次大屠杀和平辽东公孙渊时的屠城，使司马懿永远背上了“嗜杀”“残忍”“冷血”的罪名。在这次腥风血雨的政变中，司马氏集团取得了胜利，曹魏政权风雨飘摇，已经名存实亡。

嘉平三年（252），司马懿病，夜间常梦见贾逵、王凌为祟。八月，司马懿去世，享年73岁。当年九月，司马懿被葬于河阴，谥文贞，后改为文宣。晋武帝受魏禅，尊司马懿为宣皇帝，称其陵墓为高原，庙号高祖。

司马懿是三国时期杰出的军事谋略家。唐太宗李世民曾评价说："观其雄略内断，英猷外决，殄公孙于百日，擒孟达于盈旬，自以兵动若神，谋无再计矣。"

• 竹林七贤之山涛 •

山涛

山涛（205—283），字巨源，河内怀县（今武陟西南）人，政治家，"竹林七贤"之一。

山涛幼年丧父，家境贫寒，日子过得十分艰难。然而，他刻苦读书，自强不息，除了攻读四书五经，还爱读《老子》《庄子》之类的道家典籍。凭借和司马氏的亲戚关系，他在西晋王朝的权力中心从政30多年，权倾一时。难能可贵的是，他胸怀宽广，忠厚大度，为官清正廉洁。

魏正始四年（243），山涛先后出任河内郡主簿、功曹、上计掾，不久又以才学出众被举为孝廉，任河南府从事。这个时期，山涛发现了向秀，结识了嵇康，倡导并组织了竹林之游。

山涛对政治形势具有非凡的洞察力。他善于把握时机，能够在激烈复杂的政治斗争中从容应对。正始八年，司马懿装病和曹爽斗智斗勇时，山涛就准确地预测了这场斗争，立即急流勇退。两年之后，司马氏果然发动了高平陵政变，一举将曹爽及其党羽何晏、桓范等人捕杀殆尽，均夷三族。

山涛忠厚大度，如浑金璞玉，颇有容人之量。他由

竹林七贤

【知识链接】 竹林七贤

竹林七贤是指魏晋时期的七位贤者，他们是嵇康、阮籍、山涛、向秀、阮咸、王戎、刘伶。《魏氏春秋》说此七人，“相与友善，游于竹林，号为‘七贤’。”

吏部郎擢升散骑常侍时特意举荐嵇康接替自己，没想到嵇康却毫不领情，反而写了一篇《与山巨源绝交书》，把山涛痛骂一顿。山涛却始终一言不发。其实两个人心照不宣：山涛是真心推荐人才，想帮朋友走上仕途；嵇康是指桑骂槐，还想帮助山涛解脱干系。嵇康被杀之后，山涛经常照顾他的子女，还提拔嵇康的儿子嵇绍当了官。

从政期间，山涛始终中立于朝，从不参与尔虞我诈的权力之争。在司马氏的两位重臣钟会和裴秀争权夺利，闹得沸反盈天之时，他始终不偏不倚，左右逢源。由此可见山涛非凡的从政能力和练达、圆熟的政治手段。

山涛长期主持人才选拔和官员调配工作。“平和处世，以稳当先”一直是他的为官之道。例如，他在主持吏部工作时，经常将准备提拔的官员的各种相关资料记录在《山公启事》里，以备皇帝司马炎随时查阅。《山公启事》是我国官吏文书档案史上的创举，也是山涛对历史的一大贡献。

山涛深得司马氏的信任。魏咸熙元年（264）正月，司马昭率领兵马讨伐叛乱的钟会，担心聚居在邺城（今安阳）的曹魏诸王乘机作乱，就派山涛带兵镇守邺城。可见司马昭对山涛是非常信任的。司马昭想立次子司马攸为太子，遭到了裴秀、山涛的一致反对。山涛引经据典据理力争，终于说服了司马昭。

3个月之后，司马炎毫不客气地把傀儡皇帝曹奂赶下了台，自己当了西晋的开国皇帝。司马炎不忘山涛极力推荐自己当太子的功劳，诏封他为奉车都尉，俸禄由一千石猛增到两千石，不久又晋其爵为新沓伯。

太康初年，山涛升为右仆射，后又拜为司徒。山涛在西晋权力中心从政30多年，位列三公，却清正廉洁，生活俭朴，从不经营自己的安乐窝，还把俸禄和朝

山涛

廷发放的奖品分给亲朋好友。

• 竹林七贤之向秀 •

向秀（约227—272），字子期，河内怀县（今武陟西南）人，魏晋时期著名哲学家、文学家，“竹林七贤”之一。

向秀

平民出身的向秀刻苦自励，潜心钻研学问，写得一手好文章，是当地小有名气的才子。他16岁就开始在村里讲学授徒，赢得了河内郡功曹山涛的赞赏。

在山涛的介绍下，向秀和嵇康、阮籍、吕安成了好朋友。从此他们经常聚会，开始了寄情山水、纵论天下、酣饮高歌的竹林之游。

向秀沉静平和，处世淡泊。他不像嵇康那样锋芒毕露，咄咄逼人，极端地“越名教而任自然”，而始终不偏不倚，千方百计要找到一条协调玄学和“名教”的新路子。

为了随时随地和嵇康一起钻研玄学，向秀移居山阳城（今焦作市山阳区墙南村一带）和嵇康住在一起。白天，两人在大柳树下抡锤打铁；晚上抵足而眠，彻夜畅谈，过着逍遥自在的隐居生活。不久，山东东平人吕安赶来和他们一起讨论玄学，并迁居于此，还开辟了一个菜园子以自娱。从此，三人形影不离，一块儿打铁、种菜、喝酒、聊天，过着神仙般的生活。

然而，好景不长。魏景元三年（262），吕安被其兄吕巽以“不孝”的罪名诬告入狱。吕安据理自辩，请嵇康为自己作证。结果，嵇康也被牵连入狱，两人同时被司马昭杀害于洛阳。一时间，向秀悲痛欲绝而又束手无策。

向秀

血淋淋的事实使向秀“大彻大悟”，认识到不偏不倚、左右逢源的中间道路是走不通的。第二年春天，山涛通过河内郡举荐了向秀。心有余悸的向秀不得已跑到洛阳，投靠了老乡司马昭。

去洛阳之前，向秀专门跑到当年和嵇康一起打铁的地方。故地重游的向秀百感交集，想起了寄情山水、酣饮高歌、纵论天下的竹林之游，又想起了博学多才、疾恶如仇的好友嵇康血洒刑场的惨状，不禁失声痛哭。

这天晚上，向秀援笔写下了那篇悼念嵇康和吕安的著名散文《思旧赋》。《思旧赋》“情辞沉痛”，情景交融，一唱三叹，言简意赅，欲说还休，刚刚开头便戛然而止，给人们留下了无限的想象空间，是人们竞相传阅的悼念友人的名篇。

向秀一生的最大贡献，就是继承和发展了玄学理论。他是玄学理论的集大成者，也是名副其实的玄学第二代领导人。然而，向秀在笃信玄学的同时，并不反对名教，甚至主张儒道合二为一。

向秀在玄学思想上，不偏不倚地把“名教”和“自然”等同起来，主张“自然”和“名教”统一，合儒道为一。贯通儒道是向秀一直主张的学术理想，他的《庄子注》阐发的“自生自化”玄理新义，也是为这一理论服务的。

向秀在政治上主张“自然”与“名教”的统一，儒道合而为一。他认为万物自生自化，所以“各任其性”即是“逍遥”。他提出，君臣上下、富贵贫贱等都是“出于天理自然”，不能因为追求自然而违犯“名教”，他认为，人们对此无可奈何，只能任其发展，更不应该干涉或强求。

向秀在《庄子注》里提出的万物自生自化思想，是对玄学的重大贡献。《庄子注》为玄学提供了新的理论，尤其是他的逍遥新义明确提出了“儒道合一”的哲学主张，不但使读者茅塞顿开，也为妥善解决“名教”与“自然”的关系提供了一种新的思路。

向秀的《庄子注》是竹林玄学的最高成果，标志着魏晋玄学由“老学”向“庄学”的转化，以及晋代庄学的正式确立。向秀的《庄子注》受到了玄学家的热烈欢迎，影响了一代士人，开创了研究玄学的一代新风。

• 玄学之宗——王弼 •

王弼

王弼（226—249），字辅嗣，河内郡山阳（今焦作）人，魏晋玄学的创始人之一。

王弼家学渊博，自幼受到了良好的教育。他天资聪颖，能言善辩，学识过人，少年时期就颇负盛名，是闻名遐迩的神童。

王弼儒道兼修，见解深刻独到，十四五岁就开始注解《周易》和《老子》，并且经常和清谈名士们一起辩论玄学问题。吏部尚书何晏和王弼是志同道合的朋友，两人同为魏晋玄学的创始人。何晏十分欣赏王弼的才华，他本来写了一本《老子注》，看到王弼的《老子注》就主动放弃了，而改写了一本《道德论》。他感叹地说："孔子说后生可畏，王弼就是这样的天才啊！"后来，何晏还积极举荐王弼担任台郎和尚书郎。

然而，王弼的仕途生涯并不顺利。他恃才傲物，为人浅薄，语言尖刻，经常以自己的长处嘲笑别人。王弼应对错综复杂的官场经验不足，处处捉襟见肘，同事关系也处理不好。因此，何晏两次举荐他担任黄门侍郎，都被曹爽坚决否决了。

嘉平元年（249）正月，高平陵政变爆发，何晏等人被以"大逆不道，与爽通奸谋反"的罪名诛灭"三族"，王弼也受到牵连而罢官。同年秋天，王弼不幸感染疠疫（瘟疫）病逝，年仅24岁。听到这个消息，卫将军司马师感伤不已，为这位同乡、天才哲学家的去世而惋惜。

天才哲学家王弼是玄学的创始人之一。他为《周易》和《老子》作注，著作有《老子注》《周易略例》《老子指

王弼

略》和《论语释疑》等。王弼对《周易》等书的注释不同于汉代儒生们寻章摘句的注释，而是侧重于哲理的发挥和阐述。

总体上说，王弼和何晏所创立的玄学以他们改造了的老庄思想注释儒家的《论语》《周易》，对两汉经学做改造，一改“儒道互黜”的思想格局，建立了“以无为本”的哲学本体论。礼法、名教、天道、人道等儒家思想都是玄学所关注和讨论的内容，然而其主旨是道家，强调推崇的是自然和无为。

王弼等玄学创始人以儒道兼综的方法，提出了有无、本末、体用、言意、一多、动静等一系列具有思辨性质的概念范畴，这些都是原始儒教和两汉经学所不具备的。玄学的出现大大推动了中国哲学的发展。

泰山北斗　百代文宗——韩愈

韩愈（768—824），字退之，河南府河阳（今孟州南）人。自谓郡望昌黎，故也称韩昌黎；因晚年曾任吏部侍郎，又称韩吏部。谥号“文”，所以人们尊称他为韩文公。韩愈是唐代著名的思想家、政治家、文学家、教育家，在中国文学史上占有举足轻重的地位。

古文运动骁将

韩愈是我国文学史上的重要代表人物，他既是古文运动的倡导者和实践者，又是才华横溢的诗人。他的文学成就主要表现在散文方面。

韩愈倡导的古文运动文体改革，就是要创造一种既融合古人语言又接近当时口语，适于表达作者思想、反映现实的文学语言，并用之创造一种通达流畅直言散行的崭新形式。

韩愈是古文运动的骁将。他旗帜鲜明地提出了古文运动的诸多理论，例如：提出了道是目的，文是手段；道是内容，文是形式；文道合一而以文章内容为主，文章的形式应该服从内容的需要等重要观点。他主张以先秦两汉的古代散文代替骈文，以儒家的“五经”、屈原、庄周、司马迁、司马相如、扬雄等文坛大家的著作

央视网

唐宋八大家之韩愈

唐宋八大家之首韩愈

韩愈

为学习对象。这些主张，对于推动古文运动的健康发展发挥了积极作用。

韩愈一生致力于古文运动，不仅是古文运动的倡导者，也是身体力行的实践者。韩愈把新型的古文形式广泛应用于政论、杂说、书序乃至祭文、墓志铭等各种体裁，创作了丰富多彩的优秀散文，是古文运动成绩最卓越者。其中，政论文《原毁》《师说》《论佛骨表》，杂说《杂说四马》《获麟解》《进学解》及《送李愿归盘谷序》等都是流传千古的名篇。

韩愈的散文笔力雄健，气势磅礴，豪情横溢，神奇奔放，语言准确、凝练、新颖，丰富而多变，生动而泼辣，有惊人的艺术魅力，具有扫荡骈文、廓清文坛的千钧之力，促使我国的散文面貌为之一新。他创造的名言隽语达200多条，传颂至今。

韩愈居唐宋八大家之首。宋代大文学家苏轼极力推崇韩愈，称他“文起八代之衰，道济天下之溺”，充分肯定了他在古文运动中力挽狂澜的丰功伟绩。这是千古不易的客观评价。

潮州之治

韩愈不但是杰出的文学家，也是心系百姓、造福社会、清正廉明、文治武功兼备的一代循吏。他以戴罪之身在潮州8个月兴利除弊的业绩，赢得了万民称颂。至今，潮州人民仍然将韩愈文化视为宝贵的精神财富。

唐元和十四年（819）正月上旬，长安上演了一场“迎佛骨”的闹剧。监察御史韩愈看到劳民伤财的狂热和乌烟瘴气的场面十分痛心，连夜撰写了《论佛骨表》，第二天早朝便义正词严地上书呼吁。不料，恼羞成怒的唐宪宗竟要治韩愈的死罪。幸得裴度、崔群等重臣极力为之辩解，才幸免一死，被贬到潮州任刺史。

当天下午，韩愈被迫冒着大雪离开了长安，家眷也被赶出了长安，12岁的女儿惨死在驿道旁。一时间，韩愈万念俱灰，在第二天大雪纷飞的早晨，悲愤地写下了那首著名的诗篇《左迁至蓝关示侄孙湘》：

一封朝奏九重天，夕贬潮阳路八千。
欲为圣朝除弊事，肯将衰朽惜残年。
云横秦岭家何在？雪拥蓝关马不前。
知汝远来应有意，好收吾骨瘴江边。

赶到潮州，当发现那里鳄鱼为害、水利不兴、刀耕火种、文化水平低下、缚民为奴等现象后，便毅然置个人荣辱于不顾，率领群众做了四件大事：一是驱除鳄鱼。当地人自古奉鳄鱼为“江神”，只知投牲畜祭祀祈求平安。平生反对神鬼之说的韩愈日夜游说于瘴江两岸，苦口婆心地宣传除鳄才是自我拯救的良策。并亲自“选材技民，操强弓毒矢”大除其害，不仅将为害一方的鳄鱼驱之于海，还从“江神”的精神奴役下解放了潮州百姓。二是兴修水利。韩愈以驱除鳄鱼为契机，发动百姓大力兴修水利工程，推广北方先进的耕作技术，把封闭干旱的沿江大地改造成了旱涝保收、五谷丰登的米粮川。三是赎放奴婢。他下令奴婢可以用工钱抵债，钱债相抵就必须给予自由；不抵者可用钱赎，并严令不得蓄奴。四是兴办教育。他延请儒生为师，修建学校，并拿出自己八个月的俸禄给予资助；韩愈甚至“以正音为潮人诲”，用今天的说法就是推广普通话。

为了纪念韩愈在潮州的丰功伟绩，潮州人民将瘴江改称韩江，将山改称韩山，并修祠建庙春秋祭祀，至今不衰。

韩愈勤政爱民并非自潮州始。唐贞元十九年（803）冬，韩愈升任监察御史不到两个月，他体恤民情，忠于职守，上书《御史台上论天旱人饥状》，建议罢除宫市，缓征赋税等，却遭到权臣谗害，被贬为连州阳山令。

韩愈在阳山任职的3年间，惠政爱民，经常深入民间参加山民耕作和渔猎活动，他亲自参加县政建设，订立规章制度；推广中原文化以教化人民，为阳山的开发做出了卓越的贡献。阳山人民为了报答韩愈，将当地的牧羊山改称“贤令山”，改连江为“韩江”。有些群众家里生了小孩，也取名于韩姓。这些充分表达了阳山人民对韩愈的爱戴之情。

坚持儒学教育

韩愈是唐代中叶杰出的教育家，先后四次在国子监直接从事教育工作。在长期的教学实践中，他兢兢业业致力于教育事业，大胆整顿改革国子监，积极倡导尊师重教，扩大招生规模，促进了官学的发展。同时积极探索教育理论，丰富了教育思想。凡是经过他指教的学生都自称“韩门子弟”，并引以为荣。著名诗人贾岛、卢仝、黄甫湜、李翱等都是韩门弟子中的佼佼者。

韩愈在教育教学活动中除亲自执教之外，还对科举制度和传统教育进行了批判，提出了在一些很有价值的观点。他指出了当时科举制度的流弊，提出了识别人才、培养人才方面颇有见地的学说，如他在《杂说四·马说》一文中提出了“世有伯乐，然后有千里马；千里马常有，而伯乐不常有”的观点。他认为人才总是有的，关键在于能否对其加以识别和扶持，只要善于鉴别又培养得当，人才就会大量涌现出来。

韩愈对当时的学校教育提出了批评。他做四门博士时，请求恢复国子监生徒，要用学校来培养人才；做国子博士时，作《师说》倡导尊师重道。

韩愈的教育思想十分丰富，对当时和后世都具有相当深远的影响，也是我国教育思想宝库中不可多得的瑰宝。《原道》《原性》《杂说》《师说》《进学解》《子产不毁乡校颂》等都是反映韩愈教育思想的传世名篇，至今被教育界奉为圭臬。

■ 镇州行：勇夺三军之帅

韩愈一生以倡导儒学著称，但他并没有“老学究”的迂腐之气。他曾经担任行军司马，两次担任兵部侍郎，为中唐平定藩镇之乱和政治中兴立下了汗马功劳。宋大文学家苏轼称颂韩愈的军事才干“勇夺三军之帅”。

元和十二年（817）八月，宰相裴度率兵讨伐淮西（今河南漯河、上蔡、新蔡以南，西平、遂平、确山、信阳以东地区）吴元济时，韩愈担任彰义军行军司马。在这次决定唐王朝中兴的战斗中，韩愈自告奋勇单骑赴汴州说服韩弘协助裴度平淮西，同时全力协助裴度制订作战方案，落实战斗部署，协调各道部队，为平叛的彻底胜利立下了汗马功劳。

韩愈的大智大勇最为人称道的是长庆二年（822）三月那次“勇夺三军之帅”的镇州（治今河北正定）之行。

长庆元年（821）七月，镇州驻军暴动，杀害了节度使田弘正全家及将佐300多人，拥立衙将王庭凑为“留后”。朝廷屡次征剿失利，唐穆宗只好妥协求和，于第二年二月初二为王庭凑加官晋爵。

朝廷虽已下诏，派谁去传旨宣谕却是个难题。因为王庭凑凶狠残暴，谁去都有被杀头的危险。最后，这个任务竟推给了年老（55岁）体弱的韩愈。谁也没有想到，韩愈竟然欣然受命，立即奉诏出发了。

韩愈的好友元稹实在看不过去，立即仗义执言："韩愈是不可多得的人才，又是德高望重的老臣。此去凶多吉少，失去这样的大臣实在可惜！"唐穆宗也觉得不像话，就急忙派人飞马追赶韩愈，命令他到镇州边界看看形势就行，不必到王庭凑的军营去了。然而，韩愈却说："我去镇州是为了国家的长治久安，哪能只考虑自己的安危呢？"他策马疾驰，连侍卫也不带，堂堂正正地进入了刀光剑影的镇州，直奔王庭凑的军营。

当时，王庭凑的节度使衙门安排了重兵围困，内外刀枪林立，犹如龙潭虎穴。正气凛然的韩愈临危不惧，昂然而入，旁若无人。面对狂妄的王庭凑和剑拔弩张的众将士，韩愈郑重地宣读诏书之后，义正词严地责备他们杀害田弘正、王进岌，抢占冀州，久困牛元翼于深州等种种不法行为。又以安禄山、史思明、朱滔、吴元济等藩镇叛乱被剿灭，田弘正、刘悟、李祐等效忠朝廷被加官晋爵的正反事例，条分缕析地讲明形势，苦口婆心地晓以民族大义、利害得失。紧接着，又当场宣布不再追究他们杀害田弘正等罪行，受到了众将士的热烈欢迎。最后，一向桀骜不驯的王庭凑也心悦诚服地说："我愿意服从您的命令。"

韩愈临危不惧的勇气，慷慨陈词的才华，爱将恤民的真情，磊落坦荡的胸怀，在这次镇州之行中都得到了充分的展示。这一切，根源于他的高尚品质和道德修养。

• 坎坷人生　凌云诗才——李商隐 •

在唐代风起云涌、名家辈出的诗坛上，李商隐是晚唐屈指可数的卓然大家之一。后人评价唐代文坛时说，李白、李贺、李商隐是"诗坛三李"，李商隐、杜牧是"小李杜"，李商隐、温庭筠、段成式是"晚唐三才子"。近年来，又有人推

李商隐

崇李商隐是朦胧诗的开山鼻祖。

坎坷人生

李商隐（约813—约858），字义山，号玉谿生，怀州河内（今沁阳）人。他出生于一个没落的贵族家庭，其祖父邢州录事参军李俌迁居于荥阳，其父李嗣曾任获嘉县令，李商隐就出生于获嘉县县衙。长庆三年（823），其父病逝于浙江，年仅10岁的李商隐随母亲返回故乡。此后，李商隐跟随其叔父读书。

李商隐天资聪颖，刻苦自励，少年时就表现出了出众的文学天赋。16岁那年，他撰写了《才论》《圣论》两篇文章，受到了河阳怀节度使令狐楚的赞扬，声名鹊起。大和四年（830），年仅18岁的李商隐被令狐楚聘为幕府巡官，从此踏上了坎坷的仕途。

令狐楚对李商隐十分器重，常常把一些重要的公文交给他处理，甚至在他调防汴州（治今河南开封县）、兴元（治今陕西汉中市东）时，都坚持带李商隐随行。此外，精于文章的令狐楚还亲自教导李商隐学习时文、奏章的写作，并经常给他一些资金和物资上的帮助。

李商隐的科举之路并不通畅。在连续两次科举考试失利后，他闷闷不乐返回故乡，曾经心灰意冷地跑到济源王屋山学道，情绪十分低落。在令狐楚、令狐绹父子的大力举荐下，李商隐于开成二年（837）考中进士，但是没有正式得到一官半职，依旧在令狐楚幕府奔走。不久，令狐楚病逝于四川任上。李商隐十分悲痛，和其家属一起护送其灵柩回到长安，以报答令狐氏父子对自己的照顾和培养。

开成三年，李商隐应博学宏词考试，本来已被录取，复审时却莫名其妙地被除名，这使他又一度心灰意冷。幸运的是，镇守河阳的节度使王茂元很欣赏他的才华，不但盛情邀请他进入幕府任掌书记，还把最宠爱的小女儿嫁给了他。

然而李商隐的这次婚姻却使他陷入了泥沼。原来，他不经意间涉及了历史上著名的朋党之争——“牛李党争”。

令狐氏父子属于牛党，王茂元则属于李党，二者是不共戴天的政敌。在牛党看来，李商隐的行为是“忘恩负义”的背叛，为儒家道德所不齿。然而，李党对他也不放心。就这样，李商隐在牛党和李党激烈斗争的旋涡中，举步维艰，动辄得咎。而令狐楚的儿子令狐绹恰恰在此时官居相位，长期执掌朝政。李商隐曾经多次作诗、撰文向令狐绹解释，剖白心迹，表示自己不愿意攀附任何一方，却始终得不到谅解。直到13年后的大中五年（851），令狐绹才看在当年友谊的份上，给他补了个六品太学博士的闲职。

会昌元年（841），唐武宗李炎继位，李党的首脑李德裕为相，李党尽驱牛党，李商隐的处境略有好转。然而仅仅过了6年，唐宣宗李忱于大中元年（847）登基后，朋党斗争的形势又发生了根本性的逆转。李商隐无奈跟随被贬为桂州（治今广西桂林）刺史的郑亚匆匆离开了长安。

从大和四年（830）踏上仕途，到大中十二年悄然去世，李商隐在近30年中有20多年辗转于各地幕府，过着奔波、离散、居无定所的漂泊生活。

其实，李商隐根本无意参加朋党之争。他不抱任何偏见，以“青松”自比，超然于朋党之外。“恶草虽当路，寒松实挺生”的诗句，表达了他对朋党之争的厌恶和不为所屈的浩然正气。“永忆江湖归白发，欲回天地入扁舟。不知腐鼠成滋味，猜意鹓雏竟未休”展示了他的政治抱负和报国无门的愤懑心情。

李商隐一生屡遭朋党打击，长期寄人篱下，再加上中年丧妻之痛、思亲思乡之苦，造成了他精神上的极大痛苦，导致了他同佛教的接触。大中七年，他捐钱在长平山的慧义精舍经藏院创建了石壁五间，用金字刻《妙法莲华经》7卷，还亲笔为精舍南神禅院四证堂的石碑撰写了碑文，希望借助佛事排遣心中的郁闷，暂时获得心理上的些许安慰。

辉煌诗篇

李商隐博学多才，具有忠君爱国的儒家思想，又有“欲回天地”、扭转乾坤的雄心壮志，这些都表现在他的诗歌中。在其现存的600多首诗歌中，各类政治诗有100多首。他歌颂刘邦、李世民，也歌颂张良、诸葛亮；他反对藩镇割据，也反对宦官专权。可惜他“运与愿违”“一生襟抱未尝开”，没能在仕途上充分施展才能。

作为关心国家命运和人民疾苦的诗

人，李商隐把一腔热血化作燃烧的诗篇，批判的矛头直指李唐王朝的腐败政治。例如，那首著名的《行次西郊作一百韵》，大胆地以白描的手法描写了京城郊区“农具弃道旁，饥牛死空墩。依依过村落，十室无一存”的荒凉破败景象和农民的贫困生活。接着，又借村民的控诉强烈谴责了那些祸国殃民的当权者，大胆揭露了藩镇的割据叛乱，官吏的专权残暴，统治者的骄奢淫逸和人民的苦难。

李商隐的咏史诗历来受到推崇。这些咏史诗往往引用历史题材借题发挥，以嬉笑怒骂的手法，无情地对封建统治者的骄横、昏庸进行辛辣的讽刺和鞭笞。总体上看，这些咏史诗主题鲜明，语言生动，文风泼辣，音韵铿锵，发人深省，恰似林中的响箭、带血的匕首。如揭露隋炀帝荒淫无耻的《隋宫》：

紫泉宫殿锁烟霞，欲取芜城作帝家。

玉玺不缘归日角，锦帆应是到天涯。

于今腐草无萤火，终古垂杨有暮鸦。

地下若逢陈后主，岂宜重问后庭花？

如讽刺统治者不重用贤才，一味求神问鬼求长生的《贾生》：

宣室求贤访逐臣，贾生才调更无伦。

可怜夜半虚前席，不问苍生问鬼神。

再如尖锐揭露唐玄宗李隆基霸占儿媳杨玉环丑行的《龙池》：

龙池赐酒敞云屏，羯鼓声高众乐停。

夜半宴归宫漏永，薛王沉醉寿王醒。

李商隐对本朝皇帝都不留情面，痛快淋漓地直接予以抨击，表现了他大无畏的战斗精神。

李商隐在爱情诗上成就最高。现存的李商隐的诗歌中，缠绵悱恻的爱情诗很多，以《无题》诗为代表，具有清丽优美、细密典雅、情深意长、意境朦胧的艺术特色。关于《无题》诗还有另一解，即它们不是纯粹的爱情诗，而有诗人的政治寄寓。不管主题为何，李商隐都把唐诗的艺术成就提高到了一个新的高度。也正是李商隐诗歌独特的艺术风格，使他的诗在解读上具有多义性的特点。如千古传诵的《锦瑟》：

锦瑟无端五十弦，一弦一柱思华年。

庄生晓梦迷蝴蝶，望帝春心托杜鹃。

沧海月明珠有泪，蓝田日暖玉生烟。

此情可待成追忆，只是当时已惘然。

对于此诗的解读，自古多有歧义，然而不管从哪个角度进行分析，似乎都有它的合理性。这正是李商隐诗歌的艺术魅力所在。

李商隐的绝句和律诗都开创了自己独特的艺术风格，尤其是他的七律，选材精当，属对细密，情思绵邈，音韵和谐，遣词造句达到了珠圆玉润的境地。修辞方法多采用暗示、衬托、比喻或象征、影射的艺术手法，营造出朦胧的意境、奇诡的旨趣，给人以独特的美感和艺术享受。

在艺术成就上，李商隐虽然排在杜甫、李白之后，但他的诗却流传极广，千百年来一直为人们所传诵。

• 山水画大师——郭熙 •

郭熙（约1000—约1090），字淳夫，河阳温县（今河南孟县东）人，世称“郭河阳”。他是北宋时期北方山水派绘画大师，著名的山水绘画理论家。

■ 绘画实践

郭熙出生于平民之家，幼年家庭贫穷，但他博学多才，酷爱绘画。他追慕道家之术，常常游历于太行山、王屋山、林虑山（今河南林州境内）等名山大川。在饱览大自然瑰丽风光的同时，郭熙仔细观察，反复揣摩，精心描摹、写生，为他日后从事绘画艺术奠定了坚实的基础。

郭熙

郭熙聪明颖悟，勤奋好学，通过自学闯进了绘画艺术的殿堂，一时间声名鹊起。宋至和元年（1054），郭熙为苏舜元家摹写《骤雨图》6幅，受到了许多名家的赞赏。户部尚书富弼巡视河阳时，发现郭熙是个人才，就破格推荐他到京城任职。此后，郭熙又师从北派山水画大师李成，并且博采众家之长，开辟了独树一帜的新画风，很快脱颖而出，成为与李成、关仝、范宽齐名的“北派”山水画大师。

宋神宗赵顼十分喜爱郭熙的绘画作品。熙宁元年

山水画大师郭熙

郭熙创作的《关山春雪图》

（1068）二月，郭熙奉诏进入御画院任艺学，不久又擢升为翰林待诏直长。

郭熙上任不久，就奉诏入宫“画小殿屏风”，不久又奉诏绘制相国寺壁画。顿时，郭熙闻名遐迩、身价倍增，社会上流传着神宗“好熙笔”，以及其作品被评为天下第一的说法。熙宁八年，睿思殿落成，宋神宗又一次诏令郭熙入宫绘制壁画。宫廷内外到处都有他的作品，尚书省、中书省、门下省等大大小小的文武衙门也群起效仿，蔚然成风。据《石林燕语》记载，“官制行、内两省诸厅照壁，自仆射而下，皆郭熙画树石。”

宋神宗执政的熙宁、元丰年间（1068—1085）是郭熙山水画创作最活跃的时期。

在皇家举行的历次绘画考试中，郭熙多次奉命主持考校天下画生。此外，郭熙还负责鉴定品评宫廷藏画。

除了为宫廷服务之外，郭熙也经常应邀在一些寺庙绘制壁画。据介绍，抚州曲江镇正悟寺的大殿墙壁上所画的《骊山图》《华山图》就出自郭熙的手笔。元丰八年（1085），郭熙应邀为显圣寺的一位悟道者绘制了12幅大屏。屏高二丈有余，画面上山重水复，不以云雾映带而笔意酣

郭熙创作的《早春图》

郭熙的《早春图》

畅、大气磅礴。15年后的元符三年（1100），黄庭坚还专门邀请苏轼、苏辙兄弟到友人家中去欣赏这幅巨作。苏辙赞不绝口，流连忘返。

郭熙的绘画创作在继承李成、范宽的基础上，别开生面创一代新风。他深入体察生活，刻苦钻研画艺，初以细腻精致见长，后自出胸臆绘制大幅。他的画能够真实而微妙地表现不同地区、季节、气候的特点，画出“远近浅深、四时朝暮、风雨明晦之不同”，创造出极其丰富、优美动人的意境。金代著名学者元好问说：“山水家李成、范宽之后，郭熙为高品。”这个评价是恰如其分的。

郭熙的画立意新颖别致，画面雄奇瑰丽，“尺幅之间，尽现千里江山”；而且诗意盎然，给人以可望、可即、可游、可居的亲切感，为中国山水画开辟了一个全新的境界。在用笔技法方面，他以草书、行书的笔法入画，完善了山水画最重要的技法——皴法的探索与总结，独创了“鬼面石”“卷云皴”“鹰爪树”等技法。后来，人们干脆以“鬼面石”“卷云皴”“鹰爪树”来称呼他。

郭熙的作品画面真实、细腻、微妙，富有强烈的感情色彩，受到了文彦博、苏轼、黄庭坚、晁补之等卿相大臣和文人雅士的喜爱。苏轼曾赋诗赞美：“玉堂昼掩春日闲，中有郭熙画春山。鸣鸠乳燕初睡起，白波青嶂非人间。”（《郭熙画秋山平远潞公为跋尾》）吴宽称赞说：“宋人能画非等闲，郭熙绝艺如荆关。御府收藏三十轴，玉堂犹自遗春山。”（《雪浦待渡图》）

目前国内外收藏的郭熙作品有20幅，其中《早春图》《幽谷图》《窠石平远图》《溪山秋霁图》《关山春雪图》《古木遥山图》等均为传世珍品。

绘画理论

郭熙的山水画创作经验，由其子郭思汇集整理，编成《林泉高致》一书。这是一部重要的绘画理论著作，它从中国山水画的起源、功能，到具体的立意构思、布局谋篇、形象塑造、笔墨运用等方面进行了全面精当的阐述，对于山水画的发展具有深远的影响。

《林泉高致》共分《序言》《山水训》《画意》《画诀》《画格拾遗》《画题》《画记》《跋》等8篇。《山水训》《画意》《画诀》《画题》等4篇为郭熙的绘画理论论述，集中反映了郭熙山水画创作实践中的经验和心得。《画格拾遗》记述了郭熙的一些画迹。《画记》系郭思记述郭熙在翰林图画院的绘画史实，是研究郭熙生平及宋代宫廷山水画创作的重要资料。

《林泉高致》强调画家对自然景物的观察研究。文中不仅阐述了自然山水体貌结构的规律及其在四时、朝暮、风雨、明晦中的变化特征，而且特别强调画家如何去发现和塑造山水的优美艺术形象："山形面面看""山形步步移"，山水因角度不同而呈现千姿百态。郭熙认为画家应选取动人的景色加工提炼，经过反复酝酿以造成富有理想和情趣的意境。书中还列举了一些诗句，以帮助画家从中受到启示而产生意境新奇的构思。

郭熙强调画家要有丰富的修养和严肃认真的创作态度。他认为只有多观察，多思考，勤练习，从难从严要求，才能画出好的作品。他对山水画的取景与结构，细节与整体之间的关系，笔墨与色彩的运用等方面也有具体的论述。如对山水画创作中的"三远"（高远、深远、平远）和四时山水景物的变化——"春山淡冶而如笑，夏山苍翠而如滴，秋山明净而如妆，冬山惨淡而如睡"的论述，至今依然被人们所传诵。"三远取景法"一直是中国山水画理论的经典。

中国古代山水画发展到北宋中期，产生了巨大变化。突出的表现就是多数山水画家不再满足于隐居生活，也不再强调山水画一定要表现隐居思想。郭熙作为宫廷御用画家，紧跟山水画的发展趋势，及时从创作实践和理论方面给予全面的概括和总结。郭熙的山水画强调表现诗意，可望，可游，可居，使山水画进入一个全新的境界。在笔墨技法方面，郭熙的贡献更为突出，他完善了中国画的积墨法和用笔法，大大提高了水墨画的表现力。

纵观郭熙的一生，他的山水画创作和绘画理论，源于传统而不乏开拓创新，继承前人却又别开生面，不仅丰富和发展了中国山水画史，开创了山水画的崭新局面，对后世也具有极其深远的影响。

郭熙不愧是北宋一代新画风的先驱，也是中国山水画历史上第一位承前启后的大师。

• 致力教育　力推汉法——许衡 •

许衡（1209—1281），字仲平，号鲁斋，河南河内（今沁阳）人，元代初期著名理学家、教育家、政治家。在连年战乱、民族文化垂危的情况下，他致力教育积极传播儒学；元入主中原以后，他主张实行汉法，发展教育，恢复生产，推进国家统一，他还主持制定了《授时历》。许衡对程朱理学的造诣很深，被誉为“继往圣，开来学，功不在文公（朱熹）下”的一代名儒。

■ 致力教育

许衡生活在蒙金交战、宋元交替的动乱时期。他出身于农家，自幼勤奋好学，因家贫无钱买书，常跋涉数十里借书抄书。他天资聪颖，经常向老师提出一些难以解答的问题，先后有三位老师以“吾非其师”而辞教。

许衡

纪念许衡地——焦作许园

【知识链接】

授时历

《授时历》为元至元十八年（1281）实施的历法名，其法以365.242 5日为一年，距近代观测值365.242 2仅差26秒，精度与公历（指1582年罗马教皇格里高利十三世颁布实行的历法，称《格里高利历》，在中国称公历或阳历）相当，但比西方早了300多年。每月为29.530 593日，以无中气之月为闰月。它正式废除了古代的上元纪年，而截取近世任意一年为历元，打破了古代制历的习惯，是我国历法史上的第四次大改革。

许衡青年时期曾当过县吏，学过占卜术等。在颠沛流离之中，他一面艰难求学，一面教书谋生。30岁时应试合格，“占籍为儒”，并渐有声名，人称“鲁斋先生”。

蒙古乃马真后元年（1242），元世祖忽必烈的重要谋臣姚枢弃官隐居苏门山（今河南辉县百泉）讲授程朱理学，许衡从河北赶来求学。在那里，他读到了程颢的《易传》，朱熹的《论语精义》《大学章句》《中庸章句》等理学著作。经过7年的苦读和实践，许衡完成了从章句之学到义理之学的转变，成为对理学、儒学有独特见解，闻名遐迩的一代名儒。

许衡

海迷失后二年（1250），许衡迁居苏门山，和姚枢、窦默等著名学者一起讲学。许衡继承程朱理学，又吸收陆九渊的心学，开辟了折中朱陆的新学风，在当时学术界占有重要地位，有“北有许衡，南有吴澄”之称和“南北二许”（许衡、许谦）之说。

宪宗四年（1254），忽必烈为亲王管制秦中（今陕西中部），聘请许衡为京兆提学。许衡组织各郡县创办学堂，要求8岁以上的孩子，无论穷富都要上学读书，15岁以上的优秀学生要送入太学深造。在教学中，他提倡启发式引导学生勤思考、多钻研，并特别强调对学生进行道德品质教育。经过几年的努力，关中的教育事业发展很快，社会风气也大为好转。

许衡一生热爱教育事业，先后三次出任国子监祭酒，主管教育工作。在他的人生历程中，有30多个春秋在从事教育，曾经先后执教于今河北大名，陕西和河南卫辉、焦作，北京等地，桃李满天下。在京任职期间，他将普及教育、兴办学校作为推广汉法的重要内容。多次上书建议在全国各地兴办学校，将教育作为教化民众、富国强兵的根本，受到了忽必烈的赞赏和支持。至元八年（1271），忽必烈任命许衡为集贤殿大学士兼国子监祭酒，主管全国教育工作。

在许衡的主持下，一系列尊师重教的政策先后颁布，例如：增加国学生员的廪膳；学业有成占籍为儒者可免除杂役；对地方学校、乡学，拨给学田，助其发展；设立巡视督察制度，以检查教育质量；对学业有成者量才使用，授予官职等。同时，还明确规定官宦子弟必须入学接受教育。

这些政策促进了元王朝教育事业的迅速发展，据记载，到至元二十五年，全国各地的学校已经达到了24 400所。教育的振兴，促进了社会的稳定和农业生产的发展，社会风气也为之一新。

许衡一生以教育为乐，在其27年的仕途生涯里，他刚直不阿，不附权势，8次被诏入朝为官，8次辞归故里教书授徒。

■ 力推汉法

蒙古建国之初，就对用什么政策统治汉地的问题争论不休，一些蒙古旧贵族甚至主张废弃农田为牧场……这就是所谓“汉法”和“旧俗”之争。

所谓汉法，不仅是指中国传统的封建统治方式，更主要的是它包括的一整套先进的生产方式和与之相适应的全部上层建筑。它是与蒙古“旧俗”相对立而存在，相比较而产生的一个概念。

中统元年（1260），忽必烈即位于开平。为了加强中央集权，巩固其统治，他一方面推行残酷的民族歧视和民族压迫政策，甚至规定7户汉人才能用一把菜刀；另一方面保留了中原地区的封建制度，不顾蒙古贵族的反对积极吸纳汉文化，网罗汉族地主和学者参政。许衡的好友姚枢、窦默先后被征召入朝。

一次，忽必烈召见窦默，要求他推荐一位像唐朝魏徵那样敢于犯颜直谏、刚正不阿的人才。窦默立即举荐了许衡，说他是“犯颜谏诤、刚毅不屈”。

许衡的政治理想，就是要通过实行儒家的仁政，重视农桑，兴办学校，来获得民心和社会的长治久安。至元三年（1266），许衡连续上了五道奏章，即《时务五事》，通过对历代和当时社会状况的分析，他建议推行汉法，即立官制，定朝仪，删减增置的台院，筹划立国规模，兴办学校等。许衡力推汉法，对推进统治政策的转变，为元王朝统一全国做出了积极的贡献。

在许衡、姚枢等汉族学者的大力支持下，元世祖忽必烈大刀阔斧地推行了一系列改革措施。

至元六年，许衡奉命和太常卿徐世隆一起制定了气势磅礴、雍容典雅、严谨规范的朝仪；和刘秉忠、张文谦、王恂一起改革了重叠、紊乱、庞杂的官制，设立了简明、条理、等级森严的官阶制和行省制，为巩固元王朝的统治，加速汉蒙文化的交流，促进民族融合发挥了重要作用。

正是在这种情况下，至元十六年二月，元军在崖山彻底消灭了南宋流亡政权，从此结束了唐以后长达数百年的分裂割据状态，中国重新出现了规模空前的大一统局面。

主持制定《授时历》

许衡博学多才，“凡经传、子史、礼乐、名物、星历、兵刑、食货、水利之类”，无不刻苦攻读，潜心钻研。至元十三年正月，元世祖命王恂在舛误甚多的金代《大明历》的基础上创制新历。王恂极力推荐许衡，说：“我们只知道历法的推算而不知道天文历法的奥秘，只有许衡才能胜任这项工作。”于是，元世祖设立太史局，任命许衡“领太史院事”，郭守敬、王恂为副，共同负责修订新历。

在修订新历的艰苦岁月里，许衡以近七旬高龄殚精竭虑、日夜操劳。他们在全国设立了27个测验所，在“东至高丽，西极滇池，南逾朱崖，北尽铁勒”的广大地区进行实测。据推算，其最北的北海测验所就在北极圈附近。至元十七年，在宋代《大统历》的基础上创制的新历终于完成了。许衡亲笔撰写了《更历疏》，向元世祖忽必烈做了详细汇报。忽必烈非常高兴，命名为《授时历》。《授时历》于第二年颁行全国。

此外，许衡、郭守敬和王恂为了测验天象，还创造了简仪、仰仪、高表、候极仪、玲珑仪、景符等天文仪器。其中，简仪制成于至元十三年（1276），比丹麦天文学家第谷·布拉赫发明的同类仪器早300多年。

令人钦佩的是，许衡在历尽艰辛完成《授时历》之后不久，又一次毅然辞职回到了家乡教书授徒，表现出热爱教育事业、不慕名利、不贪恋高官厚禄的高风亮节。

• 布衣王子　科学巨星——朱载堉 •

朱载堉，这位推位让国、献身科学的“布衣王子”，以在数学、音乐、舞蹈、天文、物理、计量等方面独创了六项世界第一的卓越成就，成为中国杰出的自然科学家和伟大的文化艺术大师，被中外科学家誉为“百科全书式的科学家”“真正的世界历史文化名人”。

献身科学

朱载堉

朱载堉（1536—1611），字伯勤，号句曲山人，郑恭王朱厚烷的儿子，朱元璋第九世孙。他出生于河南怀庆府（治今沁阳）的郑王府，被册封为世子。

朱载堉天资聪颖，好学不倦，博学多才，在音乐方面很有天赋，从小就跟随父亲学习音乐和数学。

朱载堉家学渊博，其父朱厚烷不仅是一位恪守传统的藩王，也是一位博学多才的学者。他修德讲学，折节下士，善书能文，精通音律，而且终生崇尚节俭，布衣蔬食。这些都对朱载堉的一生产生了深远的影响。

朱载堉虽然出生在钟鸣鼎食的皇家，其一生却是坎坷不幸的。他自幼丧母，中年丧妻。嘉靖二十九年（1550）九月，在残酷无情的王室倾轧中，其父朱厚烷被诬陷削爵，禁锢在

布衣王子　科学巨星——朱载堉和他的十二平均律

安徽凤阳。年仅15岁的朱载堉愤然搬出王府，夜以继日地发奋读书。直到隆庆元年（1567）其父被平反昭雪，朱载堉才回到王府。

在独居宫外长达19年的艰苦岁月里，朱载堉潜心治学，广泛涉猎了伯牙、师旷、刘歆、李延年、嵇康、祖冲之、韩愈、朱熹等百余位古代学者的著作，对数学、乐律、物理、计量、天文、历法、音乐、舞蹈等领域进行了锲而不舍的探索。嘉靖三十九年，年仅24岁的朱载堉完成了他的音乐处女作《瑟谱》，登上了攀登科学文化高峰的第一个台阶。

政治上的平反昭雪，思想上的自由解放，激起了朱载堉巨大的创作热情。回到王宫后，他和父亲联手完成了《操缦》和《旋宫》的写作，同时完成了《旋宫合乐谱》《乡饮诗乐谱》《六代小舞谱》《小吟乡乐谱》《二佾缀兆图》《零星小舞谱》等6部舞谱和大量的音乐著作。此外还

沁阳朱载堉墓

完成了《律历融通》《律学新说》等一系列重要著作。

万历十九年（1591），郑恭王朱厚烷病逝，应由世子朱载堉继承王位。然而，已经55岁的朱载堉为了专心致志地从事科学研究，毅然上疏请求辞去王位。在未获批准的情况下，连续7次上疏，极力恳请辞爵。万历二十一年，朱载堉毅然离开王宫，隐居于距沁阳市区约15公里的九峰山前的渔家坡，专心致志地在崎岖的科学道路上艰难地攀登。

万历三十四年，经朱载堉15年连续7次上疏之后，明神宗才批准他将爵位让给朱载玺，并为他敕建玉音坊以示表彰。朱载玺是当年诬告朱厚烷的罪魁朱祐橏的孙子，朱载堉这种不计前嫌的宽广胸怀和主动让爵的高风亮节，赢得了人们的广泛赞扬。

首创十二平均律

朱载堉是一位"百科全书式"的科学巨匠，他凭借聪颖的天资、深厚的学养，广泛涉猎天文、历法、音乐、舞蹈、数学、物理、绘画、语言、文学等诸多方面，而且都取得了卓越的成就，其中一些理论和成果达到了高峰，至今没人能够超

越。创建十二平均律是他最辉煌的科学成果。

十二平均律是为解决旋宫转调问题而创立的。在我国乐律学研究方面，有一个举世不解之谜：数千年来，人们为了使黄钟音高能够还原，多少代乐律学家皓首穷经，终其一生孜孜以求而不能如愿。要实现旋宫转调，必须以一个完全的八度为基础，用某种数学方法将八度平均地划分为十二个音程相等的半音，使其中每个律与相邻的律之间的音程完全相等。这样，无论以哪个律作为主音，其声音效果都是相同的。因此，它可以随意旋宫转调。要达到这个目的，关键是要选定准确的八度音高的数值，并且精确计算出相邻的两个半音之间的音程值，然后对八度音程内的十二个律进行定位，使相邻的两个律之间的音程完全相等。

为了攻克这道难关，朱载堉发明了81档的巨型算盘，夜以继日地进行复杂而严谨的计算，先后参阅各种资料600多种，从1567年到1581年用了整整14年的时间，终于完成了十二平均律的理论概括和计算工作。

首先，他以弦线长度的比例确定八度音高的比值。弦长，发音频率就低，音调也低；弦短，发音频率就高，音调也高。弦长与发音频率成反比。他通过计算，得出两个相距为八度律弦长比值为2∶1，其音高数值是2。在此基础上，他又经过周密思考和运算，找到相邻两个律之间的音程值为2的12次方根，即1.059 463……这个值就是通常所说的半音，我国传统的说法称为应钟律数。然后，朱载堉将八度值2，连续除以应钟值，累除12次，就得到了相应的平均律中八度内十二个音的音高，从而建立了十二平均律。朱载堉称这种律制为“新法密律”。

十二平均律的创立，圆满解决了近千年来音乐理论上的难题，实现了旋宫转调的愿望，尤其是在琴键乐器中，人们可以根据需要自由使用所有的键了。这是朱载堉对世界文化的杰出贡献。

朱载堉创立的十二平均律引发了世界音乐史的一次伟大革命，直到今天，全世界绝大多数乐器定音都是在它的基础上完成的。我国著名乐律学专家黄翔鹏说：十二平均律不是一项（单项）科研成果，而是涉及古代计量科学、数学、物理学中的音乐声学，纵贯全部中国乐律学史，旁及天文历算并密切相关于音乐艺术实践的、博大精深的成果。世界著名的中国科技史研究专家李约瑟博士评价说："朱载堉的贡献是发现了将音阶调谐为相等音程的数学方法。……第一个使平均律公式化的荣誉应当归于中国。"

辉煌的成就

朱载堉不仅是数学家、物理学家、天文学家，还是卓越的音乐家、乐律学家、乐器制造家、舞学家。此外，他在美术、哲学、语言文学方面都有令人惊叹的建树。

万历三十四年（1606），朱载堉撰写了《进历书奏疏》，一次性向朝廷进献了《律历融通》《圣寿万年历》《万年历备考》3种10册；之后又献了《律吕精义》《律学新说》《乐舞全谱》等11种。据记载，朱载堉一生呕心沥血，共完成了《律学新说》《算学新说》《嘉量算经》《乐律全书》等20多部皇皇巨著。近年来，有人推算过，仅仅他的十二平均律，假如每天工作8小时，完成这项浩繁的计算工作就需要55年。

朱载堉运用算盘这种古老的计算工具，进行开平方、开立方计算；发现了求解等比数列的方法，精确到小数点后25位数，精确度超过了古代数学专著，并在此基础上首创了"十二平均律"。同时，他还提出了"异径管说"，亲手设计制作了世界上第一套定音乐器"弦准"和"律管"。其中，律管由36支铜律组成，每管一律。朱载堉对每支律的选材、制作方法、吹奏都有详细的说明，数据极其精密。比利时布鲁塞尔博物馆馆长马容经过十几年的研究才复制了两支，不由得惊叹："这样伟大的发明，只有聪明的中国人才能做到！"

在计量学和物理学方面，朱载堉对累黍定尺、古代货币和度量衡的关系等都有极其周密的调查和实物试验，特别是关于历代度量衡制变迁的研究一直影响到今天。他还提出了一系列的管口校正的计算方法和计算公式，并精确地测定了水银的密度。

朱载堉在天文历法方面也有卓越的贡献。他利用自己发明的累黍定尺法，精确地计算出北京的地理位置与地磁偏角，还精确计算出了回归年的长度。经过他的仔细观测和计算，又求出了计算回归年长度值的公式。1986年，有关部门的专家用现代高科技的测量手段，对朱载堉关于1554年和1581年的计算结果进行了验证。验证发现，朱载堉计算的1554年的长度值与今天的计算仅差17秒，1581年的长度值差21秒。这不能不令举世震惊，一些欧美的著名专家学者也由衷地称赞朱载堉是奇人、神人。

朱载堉在乐器制造的实践过程中，把音乐和舞蹈分成了两个学科，率先提出了“舞学”这个概念，并为舞学制定了内容大纲，从而为我们今天的舞学和舞学教育奠定了理论基础。此外，朱载堉还亲手绘制了大量的舞谱，他编创的《天下太平》舞谱，为我们今天的团体操开了先河。

朱载堉在著作中还提出了较为系统的音乐教学体系，他提出的集体教唱、乐器伴唱、识谱学唱这三种教学方法，在我们今天的音乐教学中依然被广泛使用。

如今，中外科学家一致称赞他是一位“百科全书式的学者”“东方文艺复兴式的圣人”“真正的世界历史文化名人”。

然而，令人遗憾的是，在朱载堉的有生之年，这些伟大的科研成果并没有付诸实践。按照明王朝的规定，王室成员的著作是不能随意公开的，只有经过皇帝的“御批”才能面世。在朝政腐败、内忧外患交困的情况下，朱载堉上奏之后，他的著作便被封存于史馆，再也没人问津了。朱载堉殚精竭虑撷取的科研成果被束之高阁。

“墙里开花墙外香。”16世纪末，朱载堉的十二平均律传入西方，在此后的400多年里，一直被国际音乐界视为“标准音调”，这是举世公认的事实。1722年和1744年，德国作曲家巴赫运用十二平均律，先后创作了两卷《平均律钢琴曲集》，以创作实践证明了十二平均律的合理性和优越性。从此，十二平均律在理论和实践两方面被人们广泛接受，巴赫的钢琴曲也俨然成为划时代的作品。十二平均律的发现和运用，开创了世界音乐史的新纪元，全世界许多伟大的音乐家和划时代的作品都受益于十二平均律。

1997年，江泽民访美期间，在哈佛大学演讲介绍中国文化时，特意提到了中国古代两位科学家，其中一位就是朱载堉。

朱载堉

廉吏名臣——何瑭

何瑭（1474—1543），字粹夫，号柏斋，又号虚舟，人称柏斋先生。祖籍江苏如皋，生于怀庆府武陟县，后举家迁居于怀庆府府城（今沁阳市区）南关。明代思想家、政治家。

何瑭天资聪颖，好学不倦，10岁开始攻读经史，弘治十四年（1501）在河南乡试中名列第一，第二年中进士，被选入翰林院任庶吉士。到任不久，何瑭就以出类拔萃的才华脱颖而出，受到了同事们的尊重和信赖。

何瑭正直无私、直言敢谏。他以弘扬儒学为己任，崇尚传统的伦理道德，时时身体力行。何瑭创作的道德文章受到了大家的一致好评，也引起了明武宗朱厚照的注意。正德四年（1509），何瑭升任翰林修撰后，明武宗安排何瑭为“十二监”的太监们讲课。

何瑭

在授课中，何瑭以儒家的正统思想谆谆教育太监们要忠君、爱国，并以正反两方面的事例苦口婆心地教育他们要洁身自好，恪守臣仆之道。许多太监对何瑭的教导非常信服，称赞他是和伊川先生（宋代的理学大师程颐）一样的大儒。

当时，飞扬跋扈的宦官刘瑾专权，许多官员都十分惧怕他，千方百计地阿谀奉承，甚至屈膝下跪，连内阁大学士焦芳、吏部尚书张彩都是他的爪牙。然而，正直无私的何瑭偏偏不买他的账。

一次，刘瑾向朝臣们分发川扇，大部分人都跪拜感谢，只有何瑭一揖而已，还颇不满地质问他们：“你们身为朝廷大臣，为什么要跪拜一个奴才呢？”顿时，刘瑾勃然大怒，喝问：“你是谁？”“我是翰林修撰何瑭！”正气凛然的何瑭理直

何瑭

气壮朗声回答。

在场的同僚们都为何瑭捏了一把汗。阴险毒辣的刘瑾立即安排锦衣卫的狗腿子严密监督何瑭，到处搜罗证据，伺机报复。何瑭一怒之下，毅然辞官回到家乡。

正德五年，恶贯满盈的刘瑾及其党羽被诛杀。何瑭奉命回京官复原职。当时不少人额首相庆，何瑭却深谋远虑，建议积极备战，加强练兵。同时，主动上书提出了精兵强国的建议：一要禁贪墨以肃吏治；二要严纪律以振兵威；三要治财用以固邦本。不久，何瑭又上书《兵论》5篇，直言朝政得失。

正德八年，何瑭奉命为有“顽童”之称的皇帝朱厚照讲解《尚书》。何瑭针对他纵情声色犬马、不关心国计民生的问题准备了一份讲稿，想借机讽谏。内阁大臣看到后十分担心，劝他改写一下，以免引火烧身。何瑭义正词严地拒绝了。结果得罪了朱厚照，几天之后，就被贬官降职，打发到开州（治今河南濮阳县）任同知了。

何瑭刚正不阿，勤于政务，直言敢谏，经常冒犯权臣，因此仕途坎坷，多次受到贬官降职的不公平待遇。最后官主南京右都御史。

嘉靖十年（1531），何瑭看到权臣当道，朝政败坏，自己的政治理想无法实现，毫不犹豫地辞官而去。

告老还乡后，何瑭主持成立了景贤书院，亲自授课教导家乡子弟。同时，夜以继日地辛勤笔耕，著书立说。

何瑭清正廉洁，一生勤俭持家，布衣蔬食，一件布袍竟然要穿六七年。他不蓄私产，经常扶危济贫，主动帮助贫困乡亲，受到民众的普遍赞扬和尊重，至今传为美谈。

• 太极宗师——陈王廷 •

陈王廷（1600—1680），字奏庭，怀庆府温县（今属河南）人，太极拳的创始人。

陈王廷是以武术传家的陈家沟陈氏家族的第九代传人。

陈王廷聪颖好学，刻苦自励，文武双修，成年后学识渊博，武功超群，尤擅轻功。明末，陈王廷以武秀才身份在洛阳参

陈王廷

加了一次乡试。在演武场上，他以“凤夺巢”的箭法技压群雄，受贿舞弊的鼓吏报靶时却瞒报成绩，陈王廷怒而杀之，随即投奔登封县义军李际遇处避祸。不久，他悄悄地返回故乡隐居。

这时正值明清交替之际，社会动荡，民不聊生，郁郁不得志的陈王廷报国无门，遂潜心搜集整理民间武术，以道教名著《黄庭经》为伴，发奋造拳传世。陈王廷在家传拳术的基础上，博采民间多家拳术之长，依据我国传统的太极学说，融古代导引术、吐纳养生术和中医经络学说于一炉，融会贯通，创编了一套阴阳开合、虚实转换、刚柔相济、快慢相间、老少咸宜的新拳术——太极拳。

陈王廷创编的太极拳和器械套路有：五套拳、五套锤、十五红、十五炮、红炮锤、一百单八式太极长拳（也称陈氏通臂拳）等拳术套路，还有以太极为主导的内功双人推手、双人粘枪、梢杆对打，以及刀、枪、棍、剑、锏、鞭等长短器械。

在创编太极拳的同时，陈王廷还创立了太极拳理论。它包括了缠绕螺旋、柔中寓刚、避实击虚、随机应变、以意行气、劲由内换、人不知我、我独知人、因敌变化等内容。遗憾的是，由于年代久远、兵荒马乱等原因，他的著作大部分已经失传了。如今，我们只能“管中窥豹”地从硕果仅存的《拳经总歌》中，领略太极拳创始人陈王廷那深奥而神秘的太极拳理论。

如今太极拳已经成为我国极为重要的拳种之一，成为国内外太极拳爱好者和广大群众强身健体的体育项目。

陈王廷

一代循吏——曹谨

曹谨（1786—1849），字怀朴，怀庆府河内县（今沁阳）人。他幼年丧父，由慈母含辛茹苦地抚养成人。他天资聪颖，事母至孝，勤学苦读，学识渊博，21岁参加河南省乡试即名列榜首。他的同学、翰林院侍读李棠阶称赞说：“（曹）谨自幼好学，聪颖过人，素怀大志，才锋颖拔，文章绮丽。”（《曹谨墓志铭》）

然而，让曹谨始料不及的是，在此后8年的3次会试中竟连续落榜。直到嘉庆二十年（1815）对落榜举人组织的考试中，才以“大挑”一等被委任为“试用”知县。从此，曹谨开始了他30多年的做官生涯。

曹谨

曹谨先后在河北省的平山、曲阳、饶阳、宁津等偏远地方任职近10年。其间，以爱国惠民为己任的曹谨兢兢业业，不贪污，不妄取，尽心尽力地为老百姓兴利除弊。所到之处都赢得了群众的好评。道光三年（1823），饶阳县水灾和旱灾相继发生，庄稼颗粒不收，成群结队的灾民流离失所，背井离乡。心急如焚的曹谨在县库空虚的情况下，不顾个人荣辱上书请求赈款救济灾民。为了防止不法官吏的层层盘剥，他亲自带队押运赈款；天天带人走村串户调查灾情，亲自分发救灾物资，自掏腰包买大饼充饥。曹谨廉洁自励的事迹风一般地传遍了全县，曹谨受到了直隶总督蒋砺堂的注意和称赞。道光五年，在蒋砺堂极力推荐下，曹谨正式担任广平府威县知县，才算结束了他长达10年的“试用”知县经历。

曹谨仕途坎坷，由于他勤政爱民、不贪不取、刚正不阿的作风，得罪了一些旧官僚和地方恶势力，在丰润县、将乐县时，就曾经两次被诬告而遭落职。虽然很快平反昭雪，但是对于廉洁自律的曹谨来说，无疑是人生的苦难经历。

客观地说，曹谨一生最辉煌的业绩是在台湾任职的8年期间，他率领民众兴修水利，兴办教育，抗击英国侵略者，保卫台湾。

道光十七年（1837）二月，曹谨奉命到台湾凤山县任知县。从此开始了他率领群众开发台湾，建设台湾，保卫台湾的光辉历程。

凤山（治今台湾省高雄县凤山市）本是台南的富庶地区，然而，由于乾隆年间陕甘总督福康安率禁卫军残酷镇压天地会起义和受自然灾害的影响，全县饥荒严重，百姓流离失所，治安环境恶化。该从哪里抓起？曹谨忧心如焚，日夜思索。他和幕宾林树海天天带领随从调查研究，巡视全县的山山水水，组织各界人士座谈讨论征求意见，从而得出了“弭盗莫如足食，足食莫如兴水利”的结论。在台湾知府熊一本的支持下，他发动群众开凿水渠，引九曲塘下淡水溪的充足水源灌溉农田。经过两年的努力，开圳44条，全长40 360丈，可灌溉农田31 500亩，使一年一熟的“望天收”薄田变成了一年两熟的良田，凤山县一跃成为台湾南部的粮仓。更难能可贵的是，耗银达63 700余两的巨大工程，竟然没有向上级要一文钱，全由曹谨一手筹措，组织捐助。知府熊一本大喜过望，称赞说：“得俗吏百，不如得才吏一；得才吏百，又不如得贤吏一也。曹公真是万里不得一的贤吏！”并亲笔撰写了碑文，同时上奏朝廷为曹谨请功。

道光二十一年七月，曹谨升任淡水厅同知后，特意任命岁贡生郑兰、附生郑宣治主管修建新圳，嘱咐他们依据上次修圳的经验，在九曲塘上游开凿新圳。新圳于道光二十四年完工，开圳46条，全长12 700丈。从此，两圳合称曹公圳。

为了纪念曹谨主持兴修水利，劝谕农桑的功德，多情的凤山人民时刻牢记他的丰功伟绩。咸丰十年（1860），全县人民于凤山县凤仪书院内，修建曹公祠三间，并春秋祭祀。后来，曹公祠又先后经过了5次重修、扩建，于1992年升为曹公庙。同时，奉立了曹公金身塑像。如今，每逢农历十一月一日曹谨诞辰，凤山人民都要奉迎曹公金身塑像巡视凤山市区，“为万民祈福消灾”。

曹谨是继郑成功之后，为开发台湾、建设台湾、保卫台湾做出卓越贡献的杰出人物之一。

道光二十一年五月，中英鸦片战争

日益蔓延，英军先后寇浙江，陷定海，夺厦门，并伺机侵扰台湾。曹谨于七月初莅任淡水厅同知后，立即派人查保甲，编户籍，组织乡勇，促使淡水人人皆兵，共御外侮；继而积极整顿、训练军队和乡勇，还增设炮位、加固炮台、填堵次要港口……充分做好了打击侵略者的一切准备工作。

当年中秋节那天，英舰“纽布达”号突然进犯鸡笼（今台湾基隆），炮轰二沙湾炮台。曹谨立刻命令守军还击。据记载，在台湾军民的英勇还击下，“英舰中炮，桅折索断，狼狈败逃，触礁击碎，英军纷纷落水，守军分头追逐格杀”。这次战斗共击沉敌舰1艘、舢板3艘，击毙英军32人，生擒133人。其中，曹谨的亲属郝芝率领家丁在海上生擒英军5人。这是中英开战以来，我国军民取得的第一次胜利。

当年九月，英兵舰再次进犯台湾。道光二十二年正月二十四日，英舰第三次侵犯台湾，都被台湾镇总兵达洪阿和曹谨率众击退。曹谨巧施妙计引诱英军深入而聚歼，一次就击沉敌舰1艘，击毙英军数十人，生擒英军49人、通敌汉奸5人，还缴获火炮20门和大量枪械等战利品。

在第一次鸦片战争中，台湾军民连续三次击败船坚炮利的侵台英军，取得全面胜利，这与曹谨的御敌策略是分不开的，充分显示了他的大智大勇和保台卫国的赤胆忠心。道光帝兴奋之余，在奏报上朱批：“智勇兼备，大扬国威”，并特旨赐达洪阿太子太保，赏台湾兵备道姚莹二品顶戴，嘉勉曹谨“论功以知府升用”，接着，又赏戴花翎。

然而，半年之后的七月二十四日，清廷和英媾和，签订了屈辱的《南京条约》，腐败无能的清廷竟将保卫台湾有功的达洪阿、姚莹、曹谨革职治罪。后又因功赏戴花翎，以海疆知府任用。

曹谨在台湾任职8年，除了发展水利事业，抗击英军外，还大力发展教育事业。他广设乡塾，组织刊印经书，鼓励学童学习，对成绩突出的孩子发给钱、粮和学习用具，予以奖励。为激励学生，还定期组织考试。由于他的循循善诱和一系列措施的落实，当地年轻人逐渐养成了勤奋好学的习惯，学风和社会风气为之一新。

曹谨

寻根问祖

——绵延不断的血脉之缘

中华姓氏史是中国历史的一部分。近年来，寻根谒祖之风日渐盛行，姓氏寻根的起点是海外，中转站是闽粤沿海地区，终点则在中原河南。有人称河南“是整个中国历史的缩影，是一座浩瀚的中国古文化博物馆”。从这种意义上说，河南的历史包含着中华姓氏产生、发展、演变的全过程。正是由于河南历史与中华姓氏史紧密相连、息息相关，所以才孕育出了众多的姓氏。地处黄河中下游地区、被誉为“中国历史的自然博物馆”的河南省，是中华民族的重要发祥地，更是中华姓氏文化的发源地，是海内外“龙的传人”的故乡。姓起源于原始社会的母系氏族社会时期，而河南正是此时期人类活动的重要地区。氏起源于父系氏族社会时期，是从氏族、部落中的少数家族形成的“氏族贵族”中产生的，而此时期中原地区（主要是今河南）氏族林立，正如《史记·封禅书》中所云“黄帝时万诸侯”。中原地区这成千上万的氏族、部落便是“氏”的渊薮。夏、商时期，从奴隶制兴起到全盛，也是中华姓氏得以发展的时期，而这两个朝代活动的中心地带均在今河南境内。自古至今，我国曾产生了上万个姓氏，其中有1 000多个姓起源于河南。炎黄姓氏历史文化基金会负责的寻根文化研究最新成果显示，涉及的具有开发价值的341个姓氏中，依人口数量多少而排列的300个大姓起源于河南或部分源头在河南的有171个，其中前100个大姓中有97个姓氏与河南有关，77个姓氏直接起源于河南。

焦作这片古老的土地，在几千年的历史风云演变中，诞生和发展了一些姓氏，这些姓氏已融进了中华民族众多姓氏之中，成为中华姓氏体系不可分割的一部分。

邓　樊　蒋　刘

陆　宁　苏　邢

杨　于　张

• 起源焦作的姓氏 •

焦作历史悠久，是中华姓氏的主要发源地之一。据不完全统计，在我国的姓氏中，有50多个姓起源于焦作，即平、共、伊、安、百、于、岑、长、宁、邢、耿、荀、旬、程、知、智、辅、郗、温、樊、刘、邓、怀、晁、职、撖、巩、茹、苏、雍、庞、鄂、司马、淳于、仲、向、州、苟、张、陆、寻、攒、杨、毕、覃、郭、司、寇、司寇、卜、石、蒋、千、抄。

【附录】 根于焦作望于焦作的姓氏表

姓	源地或望地	说明
平	河内怀（今武陟县）	齐相晏平仲之后，以平为姓
共	河内	《姓纂》：“共工氏之后。”一云出黄帝臣共鼓
伊	河内山阳（今焦作市）	尧初生时，其母在三阿之南，寄于伊侯长孺之家，故从母所居为姓
安	河内为其三大望地之一	《唐书·宰相世系表》记载：“黄帝之孙安的后裔，以国为氏。” 《姓谱》：“安氏望出姑臧、河内。”
百	南阳（今修武县）	百即百儵，《左传》作百儵。黄帝的后代
于	沁阳邘邰村	周武王封第三子于邘（今沁阳邘邰村一带。原鄂国之地，改为邘国），世称邘叔。《中国古今地名大辞典》：“邘，周初国名，在河南沁阳县西北，今为邘邰镇。”《古今姓氏书辨证》：“周武王子封于邘，因氏。”后来，邘姓子孙便去“阝”旁，以“于”为姓
岑	南阳（今修武县）	周文王异母弟耀，武王封为岑子，以后以岑为姓
长	河内	黄帝子挥的后代有长氏
宁	宁邑（今修武县）	卫康叔的后代，至成公生季，食采于宁，以邑为姓
邢	邢（今温县邢丘）	始祖为商王祖乙。《说文》：“邢，周公子所封，地近河内怀。”
耿	邢（今温县邢丘）	源出“子”姓，始祖为商王祖乙。商代中期，温县东部一带有一小国名“邢国”。“邢”古时也读“耿”音，所以也称“耿国”。祖乙在位时迁都于邢，祖乙六传至盘庚，迁国都于殷（今安阳），一部分王族不愿迁徙者留居于耿，并以地名为姓，姓“耿”或姓“邢”。《史记·殷本纪》：“祖乙迁于邢。”颜师古云：“在河北，旧居之者以为姓。”《索隐》：“邢音耿。”

【续表1】

姓	源地或望地	说明
荀	河内	黄帝臣荀，是荀姓之始。又《广韵》：“系出姬姓，文王子郇伯，其后去邑为姓。”荀姓以后又分旬、程、知、智、辅五姓
郗	河内	同絺。《说文》：“郗，周邑，在河内。”即《左传》“而与郑人苏忿生之田温、原、絺、樊”之“絺”
温	今温县上苑村	晋大夫郤至，公元前575年食采于温，号温季。次年，晋厉公诛杀郤氏三族，郤至之孙在家仆保护下藏身至温县，姓温名田。另《帝系表》记载，昆吾氏有苏、顾、温、董四个后裔部落封地
樊	南阳（今修武县周庄乡李屯村）	系出姬姓，周宣王时，虞仲支孙仲山甫封于樊，后以封地为姓氏。仲山甫为樊姓始祖，所以又叫“樊仲山甫”，后世称他为“周樊人”“南阳樊人”。《姓氏考略》引《广韵》：“樊，望地南阳，系出姬姓，虞仲支孙仲山甫封于樊，后以封地为姓。”
刘	南阳（今修武县）为其望地之一	皆为帝尧陶唐氏之后
邓	南阳（今修武县）	殷武丁封叔父于河北南阳，为邓侯，其后代以邓为氏
怀	河内怀（今武陟县）	《路史》记载微子的后代怀氏，其子孙以赐号为姓。又《姓氏考略》记载：唐叔虞封于怀，其子孙以国名为姓
晁	南阳（今修武县）	周景王的儿子朝的后代。又卫大夫史晁的后代以晁为姓
职	河内山阳（今焦作市）	《风俗通》：“《周礼》有职方氏，其后因官为氏。”汉代山阳令职洪为温县人
撖	河内（今沁阳市、温县）	《姓苑》：“撖，今河内有之。”
巩	河内山阳（今焦作市）	《潜夫论》：“巩姓，周之世家公卿。”
茹	河内怀（今武陟县）	《通志氏族略》：“蠕蠕入中国为茹氏。”《魏书·职官志》记载：普六茹氏之后改为茹氏
苏	苏（今温县夏庄村）	苏姓出自古帝王颛顼高阳氏，祝融后代昆吾之子封于苏，以地为氏。又忿生为周司寇，封苏国，后以为氏。苏姓世居河内，今温县城内有苏护墓冢，城西南7.5公里有苏庄，苏庄北夏庄处有苏全孝、苏忿生、苏成、苏明等的墓冢，为苏氏故里所在地
雍	雍国（今焦作市府城村）	周文王之子雍伯封地为雍国，其后代以雍为姓。《通志·氏族略》：“文王之子雍伯封于雍，其子孙以国名为姓。”《风俗通》：“文王子雍伯后，以雍为姓。”
庞	南阳（今修武县庞屯）	周文王子毕公高的后代封于庞，以地为氏
鄂	河内（商为鄂国）	鄂，古国名，在今沁阳西北邘邰村一带。商代，殷纣王封鄂侯为“三公”之一，其封地在邘邰。鄂侯在此筑城，故为鄂国，其子孙遂以“鄂”为姓。后来，鄂侯被纣王诛杀，其后代便南逃至湖北境内，故湖北也简称“鄂”。《姓纂》：商代鄂侯在邘筑城，为鄂国，以国为姓

【续表2】

姓	源地或望地	说明
司马	河内怀（今武陟县）	《姓纂》记载：周宣王时，程伯休的父亲官拜司马，便以官为姓
淳于	河内	《水经注》记载，夏时的斟灌国，周武王封国王为淳于公，国号为淳于国，其后以国为姓
仲	今修武县周庄乡李屯	《姓氏考略》："仲山甫之子孙，以字为氏。"
向	河内	向为西周初苏忿生十二城邑之一。《通志·氏族略》："向，附庸之国，子孙以国为氏。"
州	今温县武德镇村	州为西周初苏忿生十二城邑之一。《姓氏考略》："周有州邑，后属晋，春秋时之州绰、州宾之祖先封于州，因以为氏。"
苟	河内	苟原指植物枸杞。《国语》："河内多杞，所居者饶之，因以为氏，黄帝之后，望地河内。" 《广韵·厚韵》："苟姓，出河内、河南、西河三望。"
张	河内、修武为其十四望地之二	《通志·氏族略》："晋有解张，字张侯，自此，晋国始有张氏。"
陆	河内、平原	《唐书世系表》："陆氏出自妫姓。田完裔孙齐宣王少子通……封于平原般县陆乡。因以为氏。"
寻	河内	《姓氏考略》引《广韵》："夏同姓诸侯斟寻氏之后。"《路史》："少昊氏嬴姓国有寻氏。"
攒	今焦作市九里山乡大陆村	《姓氏考略》："以地为氏。"《左传杜注》："修武县西北有攒城。"
杨	修武、河内	出自姬姓，以国为氏。据《元和姓纂》："周武王分封其弟叔虞于唐邑（山西翼城）。出公子齐，生伯侨，天子封为杨侯，以国为氏。"
毕	河内	《姓氏考略》："周文王第十五子毕公高之后以国为氏，望出河内。"
覃	今温县北平皋村	《姓氏考略》："夏有地名覃怀，居者以地为氏为覃氏。"始祖是伯益，曾协助大禹治水。《武陟县志》载该县"夏，称覃怀"
寇	今温县夏庄村	《姓纂》："周有苏忿生为司寇，子孙以官为氏。"《姓氏考略》："卫康叔为周司寇，子孙以官为姓焉。"司、寇、司寇三姓的始祖为苏忿生
卜	今温县卜杨门村	卜子夏，今温县卜杨门村（古称卜里）人。据卜杨门《卜氏家谱》和清代康熙年墓碑载，卜子夏之父叫卜周启，因祖上为卜官被诛，逃亡到温地后，开始以祖上技艺为姓氏。卜姓的始祖为卜子夏
蒋	今修武县蒋村	在上古时期，今修武蒋村生活着一个部落，他们沿河而居，渴饮泉水，饥则食用水旁盛产的一种叫蒋的植物果实，名为蒋实。因为他们以蒋实为生，就自称为蒋部落，这条河也就叫蒋河。后来这支部落南迁至河南固始，在那里建立了一个小国家，即蒋国。夏商时期，蒋国被灭。周初，周公旦封自己的第三子伯龄到古蒋国为蒋伯。后来，蒋国又被楚国所灭，其子孙便以国为姓

【续表3】

姓	源地或望地	说明
千	今武陟县千村	武陟县千村有600余年的历史和3 000多名千氏子孙，从河南迁出的千氏子孙，祖上基本来自千村。生于河南登封颍阳的明将千万里是落籍朝鲜半岛的千姓第一人，现在只有千氏单一本贯。近年来，不断有河南、四川、云南、陕西等省市及韩国、朝鲜的千姓子孙至武陟县千村认宗。据考，自武陟县千村迁出之千姓子孙，外国籍大多在朝鲜、韩国、日本等地
抄	今修武县李万乡抄平陵村	抄氏始于元朝，出于蒙古族，始祖为元太祖成吉思汗时的部将抄思。在抄思的后裔子孙中，有以祖名的谐音汉字为姓氏者，称抄氏，明朝中叶以后融入汉族

• 代表姓氏 •

覃姓

焦作现在所辖的地域，远在大禹定九州时就冠名为“覃怀”。那么这个“覃”字究竟是何意呢？原来它与姓氏有关，而且“覃”有两个读音：tán、qín。

（一）覃姓起源

据《姓氏考略》载：“夏有地名覃怀，居者以地为氏为覃氏。”《左传·隐公八年》说，古人“因生以赐姓，胙之土而命之氏”，即在哪里生息，就以哪里的地名为姓氏。这是中国姓氏最初的起源。由此可知，当时在覃怀土地上居住着一个覃怀部落，这个部落的庶民自然也就姓“覃怀”或是姓“覃”。

《尚书·禹贡》曰：“覃怀厎绩，至于衡漳。”覃怀厎绩是这块地方的底部，即今温县北平皋村，也是汉代以前的古地邢丘。

《左传·宣公六年》载：“赤狄伐晋，围怀及邢丘。”乾隆《温县志》载：“邢丘城，在平皋东北隅，即古邢国。”

“覃”字之意来自甲骨文中的解释。考古学家罗振玉说：“覃像酒盈樽（古代的酒壶）。”郭沫若说，“覃”字上面的“西”字，是酒壶的盖；“西”下的“曰”是酒壶的大肚；“十”字底部为尖状，插入地中便于存放。这些历史大家考析的“覃”字，正是古代覃怀地区的形貌。覃怀地区，西与北是太岳山脉，南与东是万里黄河。在今安阳一带为“西”处，在今焦作、沁阳一带为“曰”处，在今温县北平皋为“十”的下底处。北平皋四面环水，中为突起高地，黄河过此后，开始东北去，故称底尖部。

据历史学家考证，覃姓的始祖是有竹氏的伯益，传说他能驯服鸟兽成为家禽家畜，开创了人类饲养家禽家畜的先河。其生活在虞舜时期，曾协助大禹治水。史载：“尧时有伯益者，佐禹治水。”当时，温地竹林茂密，生活在此的族群，有一支以竹为图腾，称有竹氏，首领是伯益，住在今北平皋处。当大禹治水来到这里后，伯益开始协助他治理济水、沁水、丹河和黄河。其后，伯益偕族人向东，随大禹往东至兖州地治水，今河南浚县有覃氏族人，是伯益族人留居下来的，他们以祖地“覃”为姓氏。伯益族人一直随大禹治水迁徙，最后到了江南的会稽（今浙江绍兴），其族人散居到各地。但是，他们不忘自己的祖地，均以覃怀地名为氏，在各地产生了覃的姓氏。另外，有竹氏迁出外地的称孤竹氏，一支被封在今山东的章丘、历城一带建孤竹国，称孤竹氏或有竹氏。

周武王伐纣成功，推翻商朝，建立周朝，封远古颛顼帝的后代为谭地的首领，让他们建立了谭国（今山东省章丘市西城子崖），并封给子爵爵位，所以谭国历代国君都称为谭子。谭国逐渐强大，继而兼并诸侯，废了孤竹国。孤竹氏（有竹氏）先后被遣送到洛阳（今洛阳市）和有褒（今陕西省南郑县境内）两地修筑东周城郭和邸宫，为周穆王贵族的奴隶。修筑工程完成后，周穆王把修筑邸宫的奴隶升为自由民，分配到各附庸国去耕田种地。有竹氏自由民被分配到谭国耕田种地，随谭国而姓，归宗谭氏。到春秋时，齐桓公称霸诸侯，周庄王十四年（前683），谭国为齐国所灭。国君谭子奔莒（今山东省莒县），其公族子孙，以国名为姓，相传姓谭。原有竹氏子孙，不甘做齐国的顺民而相继逃亡。在逃亡途中，以谭国名去“言”为姓，姓覃。《姓纂》中说：“覃本谭氏，避难改。”故覃氏后人奉伯益为覃姓的得姓始祖。

（二）迁徙分布

传说，覃氏族人在逃亡途中求神问卜的结果是：“早往西行，谨记勿言；日落西方，及早回家。”预示迁徙的方向是西方，而且西、早二字相叠起来是“覃”

字，正是“谭”字去“言”边，也包含着“谨记勿言”的意思。而且日落西方，及早回家是暗示等齐桓公死了，要及时早早回到谭城老家来。这一段传说，在湘、鄂、桂一带覃氏族谱中都有记载，而且世代相传。后来有竹氏的谭姓国民扶老携幼经过数千里跋涉，于齐桓公灭谭后的次年（前682）秋天，陆续到达了有褒，按照“谨记勿言”，把“谭”字的“言”旁去掉，恢复覃氏。

覃氏族人在全国各地流徙甚广，四川省巴县（今重庆市巴南区）石龙覃氏支族谱记载：“巴县石龙支族乃上古皇覃氏后裔。”广西修仁县（现属荔浦县）覃氏祖宗神位上写有“皇覃氏历代宗亲之位”。湖南省石门《覃氏族谱》说：“覃氏的祖先，考稽上有皇覃氏。”皇覃氏是继因覃部落、覃怀地而得覃姓之后的又一命姓，就产生的时间来说，覃怀氏要早于皇覃氏，因为覃怀氏因地名、部落名命氏，这属自然命氏。

皇覃氏的产生与伯益有直接关系，伯益是黄帝的外昆孙，同时又是炎帝的昆孙。如此双重的帝族后裔的特殊身份，他将“皇”字冠于覃氏之首，以表示自己的正宗身份和帝族门第，这是很自然的，也是合情合理的。正如《风俗通》所说：“皇氏三皇之后，盖古者冠字。”伯益是覃氏肇祖，这是不争的历史。

湖南省《石门县志》记载，当地的覃氏族谱记录有《覃氏源流世系歌》：“覃氏鼻祖墨胎初，孤竹君后是有竹。”据湖南省张家界市覃氏族谱载，覃氏是有竹氏的后裔。这两地族谱所记载的历史上覃氏是孤竹氏、有竹氏的后裔，可以看作是覃氏发展过程中命姓的演变，是覃氏部落分支的命姓。

“覃”字读qín时，主要指生活在今广西一带的覃姓人。相传，他们姓氏的读音原为tán，后讹为qín，遂相沿成习。据有关方面统计，目前出自这一支派的覃姓人大约有50万，而广西也因此是全国覃姓人分布最为集中的地区。

根据大多数覃（qín）氏族谱记载，覃姓始祖在河南沁阳一带。四川省大足县《覃氏家史》说，他们的始祖可追溯到春秋时期一个叫覃怀的地方。湖南省石门《覃氏族谱》说，覃氏是有竹氏的后代。广西壮族自治区邕宁县《覃氏源流》记载，皇覃氏根基出于覃怀。广西上林、马山、容县、宾阳等县《覃氏源流》说，覃姓，起源可追溯到上古的覃怀古国，其位置在今河南省沁阳、武陟一带。

综合以上史料分析，基本可以得出以下结论：覃（tán）氏先随大禹治水而迁徙各地，后因避战乱“谭”去“言”为“覃”，而谭姓也是孤竹氏（有竹氏）的前身，孤竹氏（有竹氏）正是覃氏的分支。覃（qín）氏，是由覃（tán）氏演变而来的，他们的祖地都在覃怀，焦作是他们先祖诞生、繁衍、生活的地方。

温姓

（一）温姓起源

温姓的起源始于黄帝，黄帝之后有昌意，昌意之后有颛顼，颛顼之后有称，称之后有老童（或称卷章），老童的部族发展为重黎和吴回，吴回之子为陆终，陆终之子为昆吾，夏代昆吾部族在中原地区活动。

夏代的帝相年间，昆吾氏的一支在温地立国，因有温泉而称温国。据《温县志·大事记》载：“约在公元前21世纪，此地已立国。以境内有温泉得名，称温国。”夏桀时，商国灭温国。古温国被灭后，国人以国为氏，遂为温姓。古温国遗址在今温县城西南约15千米的上苑村北岗地上，面积约为3万平方米，文化层深约3米，发掘出土有石器、陶器、骨器等遗物，属二里头文化的遗物，这便是温姓的祖根地。

（二）三大支系

温姓有三大支系，唐代温信碑上载太常丞温信，为颛顼之后裔，出于己姓。温信便是出自己姓的温氏后裔，这是温氏的第一支起源。

温氏的第二支是源出己姓的苏姓。《新唐书·宰相世系表》载：“苏氏出自己姓，颛顼裔孙吴回生陆终，陆终生樊，封于昆吾，昆吾之子封于苏，其地邺西苏城是也。”邺西苏城在今天的河北省临漳县境内。夏代昆吾氏一支被封于此，称为有苏氏。古温国被商所灭后，有苏氏便活动到温地一带。传说有苏氏首领为冀州侯，冀州城在今温县亢村和它北面与之隔沁河相邻的博爱县内都村。据说温县徐堡乡村还挖出了冀州城的南城墙。商末殷纣王抢掠冀州侯之女，有苏氏投西伯姬昌反商，其首领苏忿生因功被周武王封为司寇，赐温地周围等12邑建苏国，建都于温城。

周襄王二年（前650），北方的狄人出兵占温，因苏国与周王有矛盾，周王坐视

温

不管，狄人灭了苏国。苏国灭亡后，苏君逃往卫国，称自己为温子，他的后人便以温为氏。这是第二支温姓之源。

温氏的第三支源于郤至。《新唐书·宰相世系表》载："温氏出自姬姓，唐叔虞之后，以公族封于河内温，因以命氏。"宋人郑樵《通志·氏族略》云："唐叔虞之后，晋郤至为温大夫，号温季，因以为氏。"苏国灭亡后，温成为晋大夫郤至的封邑。当时晋国公族中郤至家族非常显赫，郤锜、郤至叔侄有功于晋国，权倾朝野，特别是在对楚的鄢陵之战中，郤至功绩显赫，晋厉公畏惧他们。晋厉公七年（前574），郤至随晋厉公去打猎，打到一头野猪，被孟张夺去，郤至射死了孟张。晋厉公为此很恼火，决定诛杀郤至族，郤至听说后宁可被杀，也决不犯上作乱，结果厉公派胥童等800兵士，袭杀了郤至三门。郤至因采邑封于温称温季，被诛后其裔以邑为氏。

据《广东温氏发展史·晋世家世系表》载，晋开国始祖为唐叔虞，虞传燮，燮传宁族，宁族传服人，服人传福，福传宜臼，宜臼传司徒，司徒传籍，籍传费，费传仇，仇传伯，伯传平，平传郤（鄂侯）。鄂侯传三子，其中一子郤文传郤叔虎，郤叔虎传莆城鹊居，莆城鹊居传郤至。郤至即温季子，为晋大夫，采邑封于温，其裔以邑为氏。

（三）其他支系

温姓除以上三大支系外，还有他姓改温姓者。《魏书·官氏志》载，北魏时期的代北叱温氏、温孤氏、温盆氏，均改为温氏。《金史·国语解》载，女真姓温迪罕氏，汉姓为温氏。《中国姓氏大辞典》中还载，明代永乐年间菲律宾苏禄东王访问中国，归途至德州病逝，次子温哈剌和三子安都鲁留中国守父墓，其后有温、安二姓。从明到清，贵州安顺府土司姓温。台湾省土著和布依、黎、壮、瑶等族中均有温姓。

综上所述，源出温县的三支温氏，无论是颛顼之后昆吾的己姓，还是周朝姬姓，他们或以国为氏，或以邑为氏，均源出今河南温县。历史上少数民族为温姓者，或他国人员留中国姓温的，以及当代少数民族中姓温的，都是今天中华民族大家庭的成员。

（四）繁衍迁徙

出于己姓的温氏，西周初期开始向外地迁徙。出自姬姓的温氏，春秋年间开始向各地迁徙。特别是战国至汉代之间，温氏已迁徙到北方各地。西晋之后温氏开始迁徙到江西，唐代迁徙到了福建，宋代迁徙到了广东，元代以后迁徙到了广西，后又迁往云、贵、川等地。温氏从明清时期开始迁徙到我国台湾和东南亚，现已散居到世界各地。

（五）郡望堂号

1. 郡望

河内郡：温氏发源地所在郡。辖境相当今河南黄河以北，京广铁路以西地区。

平原郡：西汉时置郡。辖境相当于现在山东省平原，陵县、禹城、齐河、临邑、商河、惠民、阳信及河北吴桥等市县。

太原郡：战国时秦置郡，治所晋阳，在今山西省太原市。

汲郡：晋代时置。辖境相当于现在河南省新乡、卫辉、辉县、获嘉、修武等市县地。

清河郡：汉高帝时置。辖境相当于今山东省临清、夏津、武城记高唐、平原各一部，河北清河及枣强、南宫各一部。

2. 堂号

三公堂：唐朝时，大雅（温彦宏）为礼部尚书，封黎国公。其二弟大临（温彦博）为中书令，封虞国公。三弟大有（温彦将）为中书侍郎，封清河郡公。时称“一门三公”。

此外，温姓的主要堂号还有“太原堂”“雅儒堂”“梅香堂”“预顺堂”等。

• 源于焦作的日本三姓 •

起源于焦作的姓氏中，日本的坂上、大藏、原田三姓不得不提，这三姓系汉献帝刘协的后代避难到日本后发展成的姓氏。

东汉延康元年（220）农历十月，汉献帝刘协被逼禅位后，居于山阳邑，封为“山阳公”。234年三月，刘协去世，因太子刘冯早逝，改由嫡长孙刘康嗣位第二任山阳公，刘康目睹了西晋代魏，死于西晋鼎盛时期的285年。随之，刘康的儿子刘瑾袭爵为第三任山阳公，继位四年后去世。刘瑾死后，其子刘秋袭封为第四任山阳公，死于309年五月。至此，山阳公国历经四任山阳公，存在了89年，终于灭亡。

据日本史书《日本书纪》《古语拾遗》《续日本纪》记载，在第四任山阳公刘秋及其同辈刘阿知（他们均是汉献帝的玄孙）时期，已是西晋王朝了。一日，刘阿知对其旧臣说："我久在此地，恐有覆灭之祸。听说倭国（日本）境内较为安定，我决定率家族东渡。"289年五月，刘阿知率其子刘都贺及族人共2 040人东渡日本。尽管他们是外来人，但汉朝在当时日本人心目中的地位很高，再者刘姓移民日本，带去了当时先进的生产技术和文化，促进了日本的发展。因此，他们以其固有的文化素质，很快成为日本社会中地位尊高的新贵族。刘阿知被天皇赐号"东汉使主"，定居于高市郡桧前村（今奈良县桧前村）。刘阿知长子刘都贺，被雄略天皇赐姓为直。落户日本后，他们被称作"渡来人"。

大和政权建立后，"渡来人"组成

高桥通泰先生来焦作寻根

"汉人""秦人"等集团，或进入政治、军事等领域叱咤风云，或分散到地方开荒种地、兴修水利，成为地方豪族。日本史学家坂本太郎所著《日本史概说》一书中这样评价："刘阿知一族及其后裔传入日本的汉文化，无论在精神还是在物质方面，都给日本文化以划时代的影响。在精神文化方面，汉字、汉籍，以及儒教和佛教的传入决定了后来日本文化的性质。在物质文化方面，水利、灌溉、养蚕等农业技术，建筑、雕刻、织布、冶金、制陶等各种工艺技术及其制品，都为当地人生活水平的提高做出了巨大贡献。"

刘阿知的儿子刘都贺将当时中国的纺织技术传入日本，他因此被称为"都贺王"。到仁德天皇六十年（372）四月，刘阿知的后裔被赐姓"坂上"，再到雄略天皇十六年（471）十月，刘阿知的后裔又改赐姓为"大藏"。到日本朱雀天皇时代（930—946），刘阿知后裔、汉高祖刘邦的第39代孙大藏春实官任征西将军，为平定当时日本发生的"天庆之乱"立下了汗马功劳，于朱雀天皇天庆三年（940）五月受到天皇的嘉奖和赏赐。自大藏春实之后，大藏家族一直担任显要职务。

居住在原田的刘氏后裔正式以原田为

姓，原田在日本天承元年（1131）之后逐渐形成的今天日本社会中的著名姓氏。到今天，原田家族已传衍到刘邦的第93代。这支源出中国刘姓的日本原田家族，在日本九州福冈市建立了汉太公庙。他们至今保存着代代相传的族谱，注明自己是刘邦的后裔，而且按照传统的礼节到太公庙对刘邦等刘姓远祖进行定期祭祀。直到今日，原田家族的成员还明确宣布自己是汉高祖刘邦、光武帝刘秀的后裔，并一代一代地记入族谱之中。原田家族在日本很受人们尊敬，他们也始终不忘自己的祖先，1988年，原田先生还特意率其家人专程从日本来中国为其祖先刘邦、刘彻祭陵。坂上家族中，出过“征夷大将军坂上田村麻吕”，当时主要负责朝廷军事，后裔有坂上、丹波等姓。大藏家族负责朝廷财政，成为日本大藏省名称来源。后裔有原田、秋月、高桥、波多江、江上等多家姓氏。其中原田、秋月、高桥家族曾为城主（相当于中国古代的诸侯）。内藏家族负责朝廷内事务，成为内务省名称来源。日本大名鼎鼎的丹波氏家族掌控日本皇家医药机构千年之久，成为垄断日本医学数千年的大家族，至今仍为后人景仰。其中丹波元简曾在一本书的序言中，称自己是汉献帝刘协的后裔，汉名刘葳庭。

日本海外炭开发供给株式会社社长高桥通泰65岁时，因病疗养，突然怀念起自己的祖先，于是利用疗养时间研究家谱。他在日本最大的一家图书馆查找到一本古老、权威，记载有各族家谱的《日本书纪》。因高桥家族与原田家族同宗，而原田家族的家谱记录完整，他认真查看并翻阅了大量相关书籍后，发现自己竟然是中国汉高祖刘邦的第71代孙，这令他大吃一惊，不敢相信。高桥通泰分析认为，在日本的德川幕府时期，政府实行闭关锁国政策，不允许国人和外国人来往，人们不敢承认和外国的关系。后来明治维新，日本政府发动了入侵中国的甲午战争，更不允许公民承认自己是中国的后裔，而对公民宣称日本是神国，比中国的历史还要长。高桥家族担心受到伤害，隐没了涉及中国的家谱。而原田家族很早就被剥夺了城主的地位，相对自由一些，所以保留了完整的家谱。高桥通泰认为，他的祖父清楚自己是刘家后裔，因高桥通泰从祖父写的曾祖父戒名上发现了“心光院释刘岳周常居士”字样，其中的“刘”字在日本极少用。高桥通泰推测，由于日本政府先是发动了甲午战争，后又开始了入侵中国全境及整个亚洲的战争，祖父没有敢告诉子女家族的完整历史。为了揭示家族史，他发起成立了“高桥元种公后裔联谊会”，相当于日本刘氏宗亲联谊会，并亲自组稿、编辑、排版、印刷、发行该联谊会会刊《智伯阳来》，联系了日本刘氏后裔90多个家族，经常举行祭祀祖先、宗亲联谊等活动。

高桥通泰还有一段有趣的经历：他于1948年加入日本共产党，历任日本共产党东京地方委员会书记、北海道地方委员会书记。他反对日本政府曾对中国乃至亚洲的侵略行径，对于近几年日本“过去的战争不是侵略战争，是为了解放亚洲”论调的抬头，他公开表示：“派军队到别国领土去的行为，本身就是侵略。无论以何种说法去解释，都不能掩盖其侵略的实质。”1997年，高桥通泰在徐州一个汉文化会议上与世界刘氏宗亲联谊会取得联系，参加了第三届世界刘氏宗亲联谊会，被任命为世界刘氏宗亲联谊会和中华刘氏宗亲联谊会永远名誉会长。高桥通泰曾说过，自己是不是刘邦后裔无关紧要，别人可以不信，他只是想通过自己寻根问祖的行为，让人们知道：日本和中国有着紧密的血缘关系，过去曾经友好，后代也应该友好，要和平相处，避免战争。

2009年，84岁高龄的小冢齐不仅是日本大通株式会社社长，而且还担任着中国电装部品协同组合会会长、河南省人民对外友好协会顾问、河南省商务厅海外荣誉顾问等职。他德高望重，在日本经济界颇有影响，多年来一直为中日经济、文化交流忙碌着。2000年，日本的小冢齐先生曾游览焦作。据小冢齐先生介绍，刘阿知、刘都贺的后裔人口数量庞大，所衍生出的姓氏数不胜数。据统计，日本外来姓氏中，源自中国的有137个之多，其中源自汉帝后裔的达47个，竟然超过了1/3，其中不乏政治、军事、经济、文化各界名流。其文化遗存与焦作源流的对应点非常明显，如日本的河内郡、都贺郡、山阳道等。日本河内地区前方后圆形的合葬墓，比朝鲜半岛金海地区出现的前方后圆坟早30年，源流对应不上。但到焦作汉献帝陵一看，疑问就解决了。小冢齐先生第二次莅临焦作时，特意带来了赴日相关手续，同时他还建议市有关机构在日本媒体上开辟宣传专栏，并表示了投资意向。小冢齐先生说，如果条件具备，他将组织曾在道清铁路工作过的日本人来焦作探访旅游。

• 焦作的移民 •

■ 历史上四大迁焦移民

第一次移民始于元朝。元统一中国后，命其士兵解甲归田，屯田垦荒务农。当时，久经战乱的博爱一带地广人稀，但耕作条件较好，一部分士兵就在此安家落户，这些落户的士兵大多是回族群众。

第二次大规模移民是在明洪武年间，怀庆地区兵乱蝗疫频繁，百姓非亡即逃，土地荒芜，人烟稀少。朱元璋为维护明王朝的封建统治，决定实施移民屯田的战略决策，从山西洪洞县移民于怀（怀庆府）。凡移来之民，每户给15亩（1亩≈666.67平方米）耕田、2亩菜地，有余力者不限。同时，还免3年徭役。因此，百姓安居乐业，繁衍生息极快。数十年之后，即成大族。

第三次移民是在明永乐年间，朱元璋死后，建文帝继位，为巩固中央集权，采取了“削藩”措施。燕王朱棣以入京诛奸为名，从北京直取南京，途经河北、河南等地，受到朝廷军队阻击，反复拉锯作战达4年之久，中原地区百姓逃亡较多，朱棣即位后两次从山西和河北大名府移民于怀。

第四次移民是1949年，北平（今北京）和平解放后，傅作义部队经过整编，部分官兵要求返乡务农，有些无家可归或不愿回原籍的，政府统一安排到焦作。

■ 移民聚集地——百间房

焦作市山阳区百间房村是个名副其实的“百姓村”。中华人民共和国成立初期有300户人家1000多口人。1994年有350多户1700余人。全村人口来自全国14个省108个县，共有姓氏105个。即“王刘赵李张许康，黄白买拜马牛杨，郑陈庞韩靳田郎，侯孙芦姬崔武尚，郝吴翟贾叶卜亢，朱申任余郭辛唐，焦孟胡曹苑贺岳，吕部史程周谷常，范魏古千冯鲍林，高葛司丁宋罗尹，毕龚谢娄董粟阎，薛和樊苗孔邢闪，杜云呼席卫绍冉，付逯毋苏袁毛满，陶徐秦职曲罡兰。”最多的姓氏是王、刘、赵、李，各有200多口人，人口最少的姓氏是罡、兰二姓，各有1人。

20世纪初，这里还是个荒无人烟的地方。1915年，英国殖民者在村北建起4座煤矿，对矿产资源进行掠夺性开采，并在这里一次性修建东西5条街、南北1条街、房屋100间，其规模与档次在当时前所未有，影响很大，百间房村名便由此而来。煤矿建成后，从全国各地招募了大批民工挖煤，他们大都携家带口来这里谋生。随着煤矿日渐红火，商人、小贩也纷纷来此经商，逐渐发展成为一处各色人等谋生的繁华街市，后又在此规划建设了花园（村南，占地200余亩）、医院（村西南）、剧院（花园南边有两个小戏院和一个中原大戏院，村东还有一个小戏院）、游戏场、庙宇（村西有老君庙）、学校（培英小学和育英小学）、商业街（马市街、裤裆街以北的南北街和西街）。最多时，这里居住的人口上万。白天车水马龙，热闹非凡，晚上灯火辉煌（焦作市1919年用上电，全省最早）。因此，百间房当时被人们称为当地的“小上海”，也有人叫“二上海”。

1937年，英国人关闭了矿井，把机器拆走运往湖南。百间房这个兴旺十多年的繁华村庄，渐渐走向衰落。许多人便成了百间房村的村民，在这里安家落户，繁衍后代。从1937年至1945年，百间房的一些建筑物逐渐被拆除、损坏，但仍有人做生意，说书的、卖唱的、跑马的、蹬缸的、演皮影戏的、玩西洋景的，还是那么起劲。由于矿工失业，再加上日本侵略者和伪十四旅的糟蹋破坏，使得大量居民逃离百间房。中华人民共和国成立后，原来村里的小商小贩被全部取缔，现在村里每月还有几次贸易集会。

百间房村不仅姓氏多，来源广，人员也异常复杂，但村民之间却很少发生矛盾，他们和睦相处，从来没有发生过姓氏宗亲间的纷争，人们相互间更多的是客气和宽容。长期以来，由于外来文化与本土文化融合，因而方言独特，至今通行一种“百家话”，它既不同于南方的“客家话”，也不同于北方纯正的“普通话”，而是一个独特的“方言岛”，这是人们长期在此共同生活而形成的一种共同语言，是一种奇特的人文景观。值得一提的是，这里的民风民俗丰富多彩，饶有趣味。就拿姑娘出嫁来说，河南人是由娘家人护送，而江浙人却是由姑爷亲自登门来接，有的新娘是白天出嫁，而有的新娘则要晚上才上轿。百间房村的饮食也是五花八门，令人眼花缭乱：东北的大饼、烙面，西北的羊肉泡馍、拉条子，南方的担担面，北方的板面、烩面，应有尽有。家家户户都能做出南北风味俱佳的饭菜来招待客人。

• 拜祖寻根活动 •

海峡两岸曹谨学术研讨会

1999年，台湾同胞首次组团来沁阳市寻根谒拜，并就曹谨的生平、思想、业绩等与沁阳市曹谨研究会开展广泛的学术交流。2000年8月，曹谨学术研讨会在沁阳市举行；同年11月，台湾凤山举办了“曹公文化节”。2001年，海峡两岸共同编撰出版《曹谨公生平事迹》。2003年12月，应台湾“中山大学”和凤邑文史工作室的邀请，沁阳市曹谨研究会组成的参访团参加了“2003年海峡两岸曹谨学术研讨会”，这是沁阳市首次组团赴台开展文化交流活动。2007年10月8日，以中国台湾高雄农田水利会会长卢荣祥为团长的高雄农田水利会参访团一行30人，在曹谨墓冢前上香、献果、献三牲……以台湾最隆重的方式祭拜曹谨。2009年1月5日至15日，应台湾农田水利会、高雄凤邑赤山文史工作室的邀请，沁阳市曹谨研究会交流团一行15人到台湾省进行了为期10天的经贸文化交流。交流团一行，首先拜谒了曹公庙，为曹公庙敬献了“名扬乡里”“功盖凤山”的匾

2009 海峡两岸曹谨学术研讨会暨书法展与会人员合影

额，实地考察了曹谨在台遗迹和凤山市的知名企业，并同企业家进行了座谈交流。1月6日“2009海峡两岸曹谨学术研讨会暨书法展”在台湾凤山市拉开帷幕，来自台湾农田水利会、高雄县观光协会、当地几个财团、曹公农业水利研究发展基金会、凤邑赤山文史工作室及沁阳市曹谨研究会等的100余名专家学者参加了研讨会。在为期两天的研讨会上，发表论文19篇，从曹谨的治台施政方略到其行绩考述，两岸专家学者各抒己见，进行了广泛交流和深入探讨。

■ 世界韩氏祭祖（寻根）大会

2005年3月26日至28日，孟州市举行“2005年世界韩氏祭祖（寻根）大会”，来自马来西亚、韩国、新加坡以及我国香港、台湾、广东、福建等地的韩氏宗亲和专家学者1000余人参加。3月26日，孟州市韩园内身着盛唐服饰的演员翩翩起舞，演绎着大唐的繁荣兴盛。千余名来自国内外的韩氏后裔，虔诚膜拜着祖辈的辉煌，与会者并就研究韩愈文化与韩姓文化等问题进行了广泛的交流和深入的探讨。

■ 恩村柳姓寻根拜祖活动

2007年1月6日（丙戌年农历十一月十八），系杰出的古代圣人之一“和圣”柳下惠诞辰2725周年纪念日。焦作市山阳区新城街道恩村一街24号的“和圣祠”，

山阳区柳下惠的传说

孟州韩愈墓

柳氏后人为和圣祠献鼎

9时公祭开始。到场的有全国各地的40多名专家学者和柳氏后人200多人。

■ 第三届神农文化节暨丁亥年神农祭拜大典

2007年4月19日，焦作市委、市政府在沁阳神农山景区举行了神农文化节开幕式暨公祭炎帝大典活动，来自省内外的众多游客充分领略了古老悠久的神农文化。省、市多位领导和群众千余人参加了开幕式和祭祖大典，通过各种方式表达了自己对炎帝神农的崇敬和祭拜之情。

■ 温县寻根拜祖活动

【温氏宗亲文化交流大会】2004年5月，“第一届世界温氏宗亲文化交流会”在广州召开，应广大温氏宗亲的迫切愿望，2004年10月，温县举行了世界温氏文化博览园奠基仪式。马来西亚著名企业家、世界温氏文化交流大会主席温添贵先生率广州温氏名家温伟平及海内外29位温氏宗亲代表参加了奠基仪式。

2005年10月15日至17日，在温县和焦作市隆重举办了“第二届世界温氏宗亲文化（经济）交流会暨首届温氏祖地温县恳亲大会”，大会由中华姓氏研究中心、河南省中原姓氏历史文化研究会共同主办，温县人民政府承办。来自海内外49个代表团的367名温氏宗亲参加了盛会。

【职氏后裔春节联谊活动】2006年春节期间，国内最大的职氏聚集地温县的西林肇村和获嘉县职王村的职氏后裔300多人在西林肇村召开了联谊会，双方互相交换了谱牒，进行了文化交流。

【中华邢姓始祖再立碑揭碑仪式】2006年清明时节，来自国内12个省市的110多名邢氏后裔在温县北平皋村参加揭碑仪式。河南省中原姓氏历史文化研究会理事、河南省温县姓氏历史文化研究会副会长、中国温县邢氏历史文化研究会会长邢宝全经过多年研究，于2006年4月1日在邢姓发源地——河南省温县邢丘隆重举行为邢氏始祖重立碑揭碑仪式暨祭祖大典仪式前夕编写了《中华古姓寻根源——邢》（初稿）一书。其中邢姓的起源、播迁、历史名人、祖地风貌、遗迹名胜和寻根联谊等部分内容被收入《中华姓氏河南寻根》一书。

【温县接待国外苏氏寻根恳亲团】2006年5月，温县接待国外苏氏寻根恳亲团一行30余人，在苏氏始祖故地祭拜了先祖，和当地的群众进行了民间文化交流。

【温县世界石氏文化研究会成立大会暨万石君石奋墓冢揭碑仪式】2006年，经过考古勘查，温县找到了万石君石奋的墓地，并重新修建了万石君石奋墓冢，新立了万石君石奋墓碑。在此基础上，2007年3月，举行了温县世界石氏文化研究会成立大会暨万石君石奋墓冢揭碑仪式，9个省市的300名代表来温县参会。

古城印象

——时间淹没的亘古繁华

焦作，地处中原，独特的地理位置使它成为豫晋之间的交通要道，而沃野千里的平原之地给了这里较好的耕作条件，发达的农业使这里生活着众多的人口，四大怀药也越发成为中外驰名的佳品。便利的交通位置和发达的农业基础上衍生出的商业，促成了大量城镇人口的形成。而中原历来为兵家必争之地，也是各个王朝的建都之地。焦作古称覃怀，后又属河内郡、怀庆府，临近九朝古都洛阳，在政治上也曾拥有独特而重要的地位。在政治和商业双重因素作用下，焦作产生了许多的名城、名镇和名村。这里有数千年历史的怀庆府治，现名为沁阳的古城，它集中了焦作地区的政治、经济、文化等诸多要素，成为这里曾经最重要的城市；这里还有一座近千年的以商业闻名的古镇——清化镇，它的商业繁荣程度超过了现在的清化镇居民的想象，甚至也超出了许多城市人的想象；这里还有一个中原地区现存古民居最多的村落——寨卜昌，每一个到过这个村落的人都会情不自禁地发出感叹，为这里古民居的精美发出感叹，为这里的泰顺家族大起大落的兴衰发出感叹……

这是一块富饶之地，这是一块兴亡之地，这是一块文明之地。一个古城，一个古镇，一个古村落无法代表它的全部，只能作为这里数千年历史文明的一个个亮点，透过它们，我们可以看到许多年前这里曾经拥有的辉煌。

怀庆府治——河内故城

怀庆府古称覃怀、河内，位于河南省西北部，京洛之通途，晋豫之要冲。沁阳历代为郡、州、路、府治，是豫西北的政治、经济、文化中心，是豫晋商贸的重要商品集散地，著名的四大怀药生产地。1989年被河南省人民政府公布为历史文化名城。

时间坐标上的古城变迁

沁阳历史悠久，沿革多变。从太行山南麓及济水（猪龙河）沿岸发现的新石器时代遗址可以考证，早在六七千年以前，就有先民在此劳作生息。让我们历数一下这座城市的发展演变历程，看一下它所经历过的历史轨迹和它在上面留下的一个个坐标。这一个个坐标所构成的尺度，不仅可以丈量时间，同样可以丈量它的分量。

夏代，称覃怀，属冀州所辖。

西周，称野王。周襄王四年（前648），野王属晋。战国时期，野王先属魏，后属韩。周赧王二十九年（前286），秦司马错击魏河内，魏纳安邑及河内于秦。五十三年（前262），秦将白起攻韩之野王，野王降。两年后，秦王发河内15岁以上之人到长平，攻打赵国。

秦王政六年（前241），秦使卫君角徙居野王。二十六年（前221），秦统一六国，野王隶三川郡。二世元年（前209），废卫君为庶人，卫亡。

公元前206年，项羽立司马卬为殷王，都朝歌。汉高祖二年（前205）废除殷国，改野王邑为野王县，属同年所置河内郡管辖。

北魏神瑞二年（415），刘虎起义军10余万进攻河内，大败魏兵。皇兴一年（467）置怀州，州治野王。武泰元年（528），农民起义军领袖葛荣率部在河内与魏将侯景血战，葛荣被俘。东魏天平元年（534）复置怀州，州治野王。

隋开皇十六年（596）改野王县为河内县，属怀州管辖。大业二年（606）废怀州，河内县属河南郡。四年开永济渠，引沁水南入黄河，以除水患。

唐武德二年（619），王世充置怀州于济源西南柏崖城。四年，怀州治迁至河内。武德三年析河内置太行（今博爱）、忠义（今沁阳崇义）、紫陵（今沁阳紫陵）三县。次年废，复归河内县。至德元年（756）安禄山部将蔡希德自河内北击常山。至德二载（757），郭子仪遣张用济、浑释之率兵收河内。乾元元年（758），唐将李嗣业屯河内，安庆绪涉沁水攻之，不胜而还。朝廷置河阳节度使领怀、孟二州。乾元二年李嗣业死，殷秀实为怀州长史。同年二月，史思明遣安太清取怀州，因留镇之。上元元年（760）唐兵马副元帅李光弼攻怀州，史思明救之，光弼逆战于沁水之上，破之。十一月，李光弼攻怀州，拔之，生擒安太清。上元二年宦官鱼朝恩请遣使催李光弼攻复洛阳，光弼不得已出战，败于邙山，退保闻喜。河阳（今孟州）、怀州皆落叛军之手。宝应元年（762）雍王李适分兵取怀州，拔之。会昌三年（843）泽潞节度使刘从谏之侄刘稹叛乱，河阳节度使王茂元率兵守万善。李德裕奏令王宰以忠武节度使统领万善营兵，王宰引兵攻天井关，克而守之。光化三年（900）李克用遣李嗣昭下太行攻怀州，拔之。

宋代，河内县属怀州管辖。靖康元年（1126）李纲在怀州造战车，准备调集兵马与金大战，钦宗下令制止。十一月，金

古怀庆府衙

据乾隆五十四年《怀庆府志》载，沁阳属《禹贡》之覃怀之域。商周领畿内地。春秋称南阳。战国为魏、卫二国重镇野王。秦时三川郡。汉家改治河内郡，莽篡汉易名后队。三国属魏地河内。北魏天安年置怀州，延及隋唐。元设怀孟路。明清治怀庆府。古为膏腴之地，兵家必争，实为洛阳门户。图片上的怀庆府府衙，始建于元至正二年（1342），明清时期多有扩建、修葺。

撒剌合破天井关，陷怀州，知州霍安国等13人殉城。

1128年，以怀州为南怀州，置沁南军节度使。1140年，岳飞派遣大将梁兴在怀州大败金军，收复怀、卫二州失地。

元朝时，怀宁王孛儿只斤海山到了京城，当上了皇帝，史称元武宗，他改年号为至大，立弟弟孛儿只斤爱育黎拔力八达为皇太子。武宗在位四年，公元1311年正月初七驾崩，其弟爱育黎拔力八达继皇帝位，史称元仁宗，改年号为皇庆。皇庆二年（1313），太后降懿旨，将仁宗奉母居住的怀王宫改名为兴隆寺（现在俗称的高台寺）。为了纪念仁宗，在城内大关帝庙西边修建怀王殿，并取年号“皇庆”中的“庆”字，把怀孟路改为怀庆路。

明洪武元年（1368），改怀庆路为怀庆府，属河南布政使，府治河内。洪武二年命副将军冯胜由河南进征，克河内。正统九年（1444）徙封陕西凤翔府郑靖王于河内。

嘉靖二十九年（1550）郑王朱厚烷向朝廷谏诤被削除爵位，禁闭凤阳。穆宗隆庆元年（1567）复郑王爵，释归河内。万历二十八年（1600）河内知县袁应泰同济源知县史记言，领两县民工凿山开洞于枋口，修挖广济、永利、利丰三河，引沁水灌济源、河内良田。崇祯五年（1632）李自成起义军由山西下山攻清化。游击黄世英守碗子城，被起义军杀死，起义军围攻怀庆府城。次年，起义军由河内渡河而南，攻克洛阳。崇祯十七年李自成遣大将刘芳亮率兵两万，继攻克济源后，又攻克怀庆府。

清康熙三十四年（1695）四月初六地震，有声如雷，屋瓦摇动，余震长达20多天。乾隆二十六年（1761）秋大雨，丹、沁两河陡涨，古阳堤不能御，遂决。城内水深四五尺，城墙为水毁者28处，西、北二城门楼倒塌，庐舍、人畜淹没以万计。河内县令李如龙飞报上宪，发帑修堤。咸丰三年（1853）六月初二，太平天国北伐军围攻怀庆府城。城墙多次被炸开，但都被守城清军及时堵修，未能攻入城内。城内严重缺粮，加之疫病流行，死人甚多。后因清各路援兵纷至，太平军于七月二十八日解围西去。同治七年（1868）捻军将领张宗禹，率兵围攻怀庆府城，由于城防坚固，未能攻破，后渡河西去。

1912年，废县存府，河内县改为怀庆府。1913年废府存县，将怀庆府改为沁阳县。

1927年，由国民军师长吉鸿昌提议，经河南省主席冯玉祥批准，将沁阳东北大部析出，置博爱县。

1989年9月27日经国务院批准，撤沁阳县设沁阳市（县级）。

如今，沁阳以一个县级城市延续着自己的发展轨迹，以一个新兴的工业城市走向时代的前沿，但从它曾经的历史轨迹中，我们仿佛可以看到整个焦作地区的历史事件的集中呈现。

■ 空间坐标上的城市布局

一个古城在时间上留下的轨迹可以让我们感受到历史的沧桑，而它在空间上的布局则可以让我们看到它曾经的繁华。这繁华就存在于它曾经的一街一巷的名字，以及它们的布局上。

沁阳城古为野王城，傍沁水之阴。沁、丹二水交汇于城东，广济渠横贯于城南，周围是广袤的田野。

野王城始筑于西周，以后历代均有修筑，元至正二十年（1360）重筑城池，明洪武初再次重筑，并设怀庆卫守之。城围9里148步，高3.5丈，宽2丈，壕深2.5丈，宽5丈。修城阙4座，角楼4座，敌台6座，警铺39个。崇祯十四年（1641），将城墙增高5尺，加宽3尺，并易四城楼以砖，增刻门额，东谓“朝曦”，西曰“万城”，南名“朔南”，北称“拱极”。1928年将城内三十二铺并为十四街，并易四城门额，东曰“中山”，西曰“自由”，南曰“平等”，北曰“共和”。后来于府西街西端破城开“新西门”。

沁阳老城自古为豫西北政治、经济、文化的中心，占地1.3平方千米。居住人口较为密集，街区巷道为棋盘状。古有“十四街七十二条胡同”之称。如仁义胡同、营房顶、九府院、二府胡同等，古城的规划特色为“四门不照、藩府居中、一水穿怀、湖塘相连、商铺林立、府县并列”的形制。由于怀庆府治设于河内县城中，所以行政机关设置上为双建置。怀庆府衙坐落在城东西大街中段，县衙位于城东南县前街北侧，明郑藩王府城处于府衙东侧城中心部位，北邻为怀庆卫。府学、县学及文庙分置于县衙两侧。城中还建有过街牌坊30多个，天宁寺、兴隆寺两个佛寺分建在西北、东南两隅。清真寺位于城中北寺街中段西侧。此外，城内还曾建有府、县城隍庙及6个书院、十多个名宦祠庙、3个文昌阁、2个关帝庙，另有药王庙、玉清宫、观音阁、三官庙、圣水观等。

沁阳古代经贸发达，是河南、山西的重要商品集散地之一。城中商业店铺林立，商业区主要集中在东西大街、府前街、勾楼街、水亭街、桥口街、县前街、西门街、南门街、东关南北大街。东西大街中段及府前街以经营布匹、纺织、百货为主，西门街、南门街、桥口街经营文房四宝，刊印书业，明郑藩王府城废后，营房地经营鱼市，水亭街经营蔬菜副食，勾楼街、府前街经营餐饮，东西大街东段及东关南北大街以经销四大怀药为主。

明清时期，河内（沁阳）县有“八景”，分别为“太行叠翠、济水托蓝、兴隆避暑、水峪藏春、宝塔晨烟、金坛夕照、明月松林、许良竹坞”。与河内故城有关的分别有：

济水托蓝：指“济水穿怀”。宋代，引济水入城，穿越利津、举仙、中柱、览胜、指方等桥梁，串连小南海、东湖等四大湖塘，湖光倒影，荷花飘香，小桥流水，轻舟荡悠，好似北国江南，为城中胜景。

兴隆避暑：位于城西北角城墙上，兴隆寺原为元仁宗潜邸，后改为寺院。建筑宏大，在城墙上筑百尺高台，俗称“高台寺”，百尺高台之上建有“望月楼”。可“面嵩少，背太行，得郡胜概”。寺庙前临翠蓉湖。每逢夏日，邑人登临纳凉，是城中居民休闲避暑的好去处。

宝塔晨烟：指城中东南隅天宁寺三圣塔晨观，三圣塔创建于金代，号称“中天一柱”。每当晨曦初露，三圣塔沐浴在朝晖中，巍峨耸立，为城中胜景。

药王庙三皇阁

三皇阁是药王庙内最宏伟的建筑，建于清嘉庆年间。阁内供奉：中为炎帝神农氏，右为济生上化孙真人，左为感应药王韦真人雕像。气势恢宏，金碧辉煌。三皇阁由三部分组成，底部以青石高高筑就，中部与上部为双层楼阁式建筑。清代形成的每年一次药王庙庙会与两次药材交易大会，分别自农历正月初一、五月二十和九月初九开始，会期均为 15 天。庙会与药材交易大会期间，当地百姓与来自海内外的药商沐手净面，络绎不绝地来到三皇阁焚香祭拜。

河内故城古有“北方水城”的美誉，城中湖塘渠系发达，至少在汉代先民已将沁水引入城中。北魏郦道元《水经注》载之较详，如在沁河的右岸引出干渠（朱沟水），渠长160里，东南流入武陟陂湖。东南分出两大支渠：奉沟水与沙沟水。向北分出支渠入野王（沁阳）城壕，余水在城东北退入沁河。宋代又引济水入城，史称“济水穿怀”。城中湖、塘、渠、桥及闸门、涵洞经历代开挖、疏浚、修理，至明清已日益完善，开挖湖塘12个，均以渠道相连通，并设穿城水闸门各3个。在西城墙下修筑涵洞，引水入城，以小官河为主渠道穿越6个主要桥梁，自西向东分别为西石桥、利津桥、举仙桥、中柱桥、览胜桥、指方桥。小官河对于沁阳城来说有些类似于汴河之于开封、洛河之于洛阳。在围城中，小官河也让河内故城有了开放的意味。小官河沿河景致优美，最好的地方数西石桥至水亭一段。站在桥头东望，水亭就坐落在南大街与河的交合点上。从水亭回望，青藤柳树，小桥流水，双槽渔船游弋在河中，具有江南水乡的韵味。水亭作为一个桥亭，有锁住水流的风水象征意义，而南大街的商业气息在此与水融合后略有顿挫，气势变得更加深厚。水亭南北，沿街一应是错落有致的青瓦房。青瓦房以木结构为主，冬暖夏凉，每座房屋都有挑廊，也是木结构的，梁头还有简朴的雕花。房廊都连在一起，客人在廊下就可以从一家店铺走到另一家去。刮风下雨，廊下还是临时的歇息地。这些体现着人文关怀的设计，使商业活动增添了更多人情味。南大街周围分布着许多有名的店铺，许多至今仍然存在。

永恒坐标上的文物古迹

数千年的悠久历史，在这座古老的怀庆府城中留下了数量众多的文物古迹，这是一个城市历史的最好见证，也是一个城市灿烂文化的结晶。沁阳城区现存的代表性文物古迹主要有：

天宁寺三圣塔　位于老城东南隅，建于金大定十一年（1171），距今已有800多年的历史，为河南金代塔中形体最大、保存状况最好、石刻艺术资料及塔铭题记最丰富的一座，位居河南三大金塔之首。现位于沁阳市博物馆院内。2001年6月25日，三圣塔被国务院公布为第五批全国重点文物保护单位。

三圣塔是我国古代劳动人民勤劳智慧的结晶，也是沁阳古代文明的象征。

元许文正公祠

元许文正公祠，又名许鲁斋祠。据乾隆五十四年（1789）《怀庆府志·府城全图》载，位于府城河内县衙文庙西侧。许衡，字仲平，号鲁斋，谥文正，封魏国公。祖籍怀州河内。

沁阳北大寺　位于城内西北隅北寺街中段西侧，创建于元至正年间，明嘉靖四十年（1561）重修，清代增建，东西长100多米，南北宽20米至50米。寺内布局呈轴线对称，三进两段，正面厦殿全用孔雀蓝琉璃瓦覆盖殿顶，左右佛堂各三间，过厅盖顶为三彩琉璃瓦，左右后讲堂与客厅相连，客厅、拜殿、主殿外观分明，内系一体。此寺为全国保存完整、规模较大的伊斯兰建筑之一，融合中国传统建筑与伊斯兰风格为一体，具有重要的历史、艺术价值。

沁阳北大寺

郑藩乐府旧址　位于城西北部，属郑藩在怀庆机构设施的一部分，为朱载堉和他父亲共同生活与研究乐律的地方，故又称“郑王乐府”。郑王乐府原有面积3 000多平方米，有三进院落，分前、中、后三序，今存前院，为四合院布局。1986年，沁阳县人民政府在其仅存的前序部分筹建朱载堉纪念馆，1991年10月建成开馆。

曹谨墓　位于沁阳市南原城关镇南关村占地2000余平方米的曹氏祖茔内。因年代久远，石坊和石刻损毁，石构件散落，墓志铭被沁阳市博物馆收藏。21世纪初对曹谨墓进行维修，封土、植树、立碑、建墓园大门。现墓园南北长80米，东西宽13米，甬路宽2.36米，冢径6米，高2.3米。

2000年9月25日，河南省人民政府公布

大云寺（天宁寺）

据1993年版《沁阳市志》载，大云寺，始建于隋，原名长寿寺，位于城内东南隅，西亲覃怀书院，东近红丰楼，南悦魁星阁，今址沁阳市博物馆。又据唐《怀州大云寺碑记》载，则天武后因《大云经》内有“女主之符”，遂令天下建大云寺。唐怀州刺史奉诏扩建长寿寺，易名大云寺。金大定元年（1161），又更名天宁寺。今存三圣塔，建于金大定十一年。

其为文物保护单位。

城区内除全国重点文物保护单位和河南省文物保护单位之外，还有野王故城（周代）、韩文公祠（明代）、萧氏节孝石坊（清代）、怀府路总管署碑记、水南关清真寺（清代）、大盐店、天主教医院旧址（近代）、覃怀中学旧址（清代）、邓禹冢（汉代）、李商隐墓（唐代）、何瑭墓（明代）、曹谨故居旧址（清代）、宋学义故居（现代）等市级文物保护单位。

沁阳原有文物胜迹众多，目前多数已毁，仅存遗址。如府衙、县衙及府、县学、文庙、明郑藩王府城、天宁寺、兴隆寺、玉清宫、药王庙等。历史上还有众多的过街牌坊，后多被拆毁，现仅存刘胡同萧氏石坊。

■ 民俗坐标上的无限风情

历史给一座城市留下的众多辉煌，许多都是仅存于纸上的文字，但还有许多仍然在民间继续演绎，继续流传，它们就是那些历史悠久的民间艺术、民俗，以及各种特产。

怀梆，这个在怀庆府诞生与流传的剧种，是怀庆府民间传统艺术的杰出代表。怀梆，俗称老怀梆、小梆（班）戏、怀调，系中原地区较古老的地方剧种，在唱腔和表演艺术上有自己的独特风格，该剧种具有古怀庆府本地及山西中路梆子特色，流行区域以古怀庆府为中心，辐射河南、河北、山西、陕西部分地区。怀梆唱腔慷慨激昂，表演粗犷奔放，以双生、双旦、双花脸居多。由于怀梆属板腔体，演唱时须用枣木梆打拍子，唱词多为七字句。怀梆有300多本传统戏，另有100部现代时装剧。其代表剧有《反西京》《古怀案》《张春醉酒》《老少换》《红珠女》等。

怀庆府城沁阳还是全国著名的唢呐之乡，这里的唢呐种类，除高音唢呐、次音唢呐和中音唢呐外，还有海笛、犬腔、手捌、管子、口哨等。这里的唢呐分为四大家（张家、贺家、马家、贾家）和两大派（沁北派、沁南派），目前沁阳市保留有唢呐曲目300多首，全市有民间唢呐班40个，唢呐演艺人员400多人，并先后举办了河南省“朱载堉杯”唢呐大赛和全国“朱载堉杯”唢呐大赛。唢呐在民间广泛应用于演奏、戏曲伴奏和婚庆丧悼。

怀庆府城的民间艺术历史悠久，品类繁多，每逢年节喜庆日子，人们拥至村街旷地，载歌载舞，为节日增添了浓郁的气氛。这些民间艺术和风俗传统一直流传到现在。据统计，现在流传在沁阳的民间艺术及民间社火种类有40多种，其中最有影响的是民间唢呐队、金鼓会、龙舞队、狮虎表演、高跷、旱船、海蚌舞、背桩、二鬼扳跌、高抬火轿、打花棍等。进入20世纪90年代后，民间文艺在理论研究和社会实践中不断创新，特别是在鼓乐曲方面，民间又引进了怀庆金鼓、威风锣鼓、双马腰鼓、女子管乐队等新的形式和表演内容。

在众多的民间艺术表演中，以金鼓会、高抬火轿表演最具特色。金鼓会原为流传于怀庆一带的民间音乐组织，明代科学家朱载堉是其主要创始人。朱载堉在元明以来南北曲、小曲、时调、散曲的基础上，对原曲牌重新改编创作，融入了怀庆地方唱腔的特色，并重新填词，后人称之为“郑王词曲”。怀庆音乐艺人成立组织“金鼓会”“同乐会”，代代传唱。

“高抬火轿”是流传在怀庆府城一带颇为罕见的大型集体舞。始创于宋代，之后发展完善。“高抬火轿”以高抬制胜，脚踩1.7米高的高跷，抬着四角燃着火把或蜡烛的轿子，故称火轿。火者以示红火，太平盛世，喜庆丰收，万民同乐。表演时，轿中人唱着小曲儿，抬轿者传唱或轿中人传唱，抬轿人扭着秧歌，轿后火狮舞动（火狮，即狮子全身插满灯）。

怀庆府地处暖温带，气候适宜，土特名产及风味名膳也非常丰富。自古以来怀庆一带盛产地黄、山药、牛膝、菊花，被称为“四大怀药”，而尤以河内为正宗，系全国同类品种中最地道的珍贵药材。

手工产品，以黑陶最具沁阳传统特色，黑陶生产以盆窑村为主。黑陶生产历史久远，黑陶质地细腻，面泽光润。1914年，盆窑村烧制的瓦鼎、瓦炉等陶器，应征赴南洋马尼拉世界工艺品展览会展出，被鉴定为精良之品，并颁发奖章、奖牌。

怀庆府城沁阳一直作为州、郡、路、府治，商业发达，商贾云集，历来饮食服务业较为繁荣。沁阳风味小吃繁多，特色的名吃有：闹汤驴肉、驴肉丸子、甜麻糖、绿豆凉粉、炒凉粉、绿豆丸、白丸、米茶、肉盒、靳贤书烧饼等。

• 千年商业古镇——清化镇 •

清化镇，为今焦作市博爱县县城，是晋豫交通要道上著名的商业古镇。清化镇是由古揆城演变而来。

■ 一首古诗勾勒出的梦想家园

明代前七子的领袖李梦阳曾有一首诗作《由宁郭抵清化镇即事》来吟咏清化镇，诗中这样写道："夹溪修竹带青葱，便拟移家住此中。却忆乡园浑未乏，不知何事厌江东。"诗中表达了作者对清化镇优美自然风光的喜爱。作者通过拿清化镇和自己的家乡来对比，将自己对清化镇的喜爱之情用诗歌表达到了极致。寻找心灵家园是中国诗人心中很重的一个情结。古今许多诗人都表达过身在故乡却更加思乡的一种情感。之所以会产生这样的情感，是因为对诗人们而言，真正的故乡并不仅仅是一种地理上的故乡，更多是一种心灵上的归宿之地。于是李白有"但使主人能醉客，不知何处是他乡"，是因为兰陵美酒让他有了这种归宿感。而李梦阳的这首诗则通过故乡与清化镇的对比更加确切地表达出这里就是自己心灵的归宿。

诗人的梦想虽然会不切实际，但一定意义上能够表达出人类理想主义的生活状态。正是因为有了诗人的描绘和人类对美好的追求，人类的生活才能趋向完美。而这首诗所表达的诗人对于理想生活状态的想象是以现实之中的清化镇作为载体的，一个小镇的美丽由此也被提升到了理想主义的高度。

诗中直接的景物描写只有一句，即第一句，里面提到的竹子至今仍是博爱县的一个特产。这里的竹林是我国纬度最高的

竹林七贤隐居焦作

竹林，也是我国北方地区靠人工灌溉的最大的竹林。它的栽种历史悠久，《山海经·北山经》记载：“虫尾之山，其上多金玉；其下多竹，多青碧；丹水出焉，南流注于河。”魏晋时期这里也是“竹林七贤”的活动地。这里背靠青山，水资源丰沛，溪流众多，土地肥沃，大片的竹林给这里又增添了一分秀气。苏东坡有云：“宁可食无肉，不可居无竹。”竹林成为这里美好自然环境的点睛之笔，是构成一个文人梦想家园的一部分。但这并不是全部，自然风光应该只是这种梦想家园的一部分。清化镇自古发达的商业，以及祥和安宁的社会环境和安居乐业的生活方式，亦是这种梦想家园的重要组成部分，也真正成就了一个几百年前的理想主义家园之境。

数百年前，文人的理想家园，也许是这座古镇头上最为闪耀的光环。

■ 古瓷片折射出一个小镇的商业繁荣

作为一个商业名镇，清化镇古代商业的发达程度也许是今天的本地居民所无法想象的，想要探寻这份被岁月掩埋的繁华景象，也许大地之下有我们需要去挖掘的答案。

2003年7月，清化镇中心基建工地在施工时挖出了大量古瓷片，这些瓷片所代表的瓷器品种从五代起至清朝雍正年间，历代没有间断。属五代至北宋早期的品种有唐三彩类、白瓷点绿彩类，但数量较少。属北宋中期至金元时期的瓷器类有白瓷、白底黑花、白底褐花、白底铁锈花、红绿彩绘、酱釉、黑釉、蒋斑、褐釉、茶叶末釉、钧瓷类、宋官窑类；陶器类的有宋三彩刻花、孔雀蓝釉、孔雀蓝绞粉、褐黄绞粉等。属明朝至清朝早期的有龙泉瓷类、景德镇青花瓷类、德化窑青花瓷类、青花釉里红等，其中以明朝的青花瓷数量最多，品种最全，瓷质、青花发色、画工最优秀。从器物品种看，以民间用的碗、盘、瓶、罐、盒、壶、枕、杯等为主，兼有一些明器、儿童玩具及佛事用品，附着物有宋、金、元时期的一些窑具、制瓷工具，制瓷业的附带产品料质（玻璃）头簪也有大量出土。从现有宋、金、元陶瓷标本看，以离清化镇不远的柏山、月山、王封、当阳峪等窑的陶瓷产品为主，该工地窑址（古称青化窑）生产的为陶瓷附带。

经过进一步考察，专家推断出了这

些陶瓷与清化镇的渊源，即最初清化镇是柏山、月山与当阳峪等窑陶瓷产品的销售点，大约到北宋后期以后，成为边销售边小规模烧窑的生产基地。而烧窑的目的主要是对以上诸窑的部分产品进行深加工（如红绿彩瓷中加彩工序的完成），同时生产宋、金时期使用的料质头簪。元代末期至明朝早期，南方景德镇生产的青花瓷和龙泉瓷大量进入北方，取代了本地生产的粗糙的陶瓷，清化镇便成为一个民用陶瓷的批发集散地，大量明朝以后的青花瓷片证明了这一点。

一个小镇有品种和数量如此丰富的陶瓷，显然不是仅仅满足本地居民需要的，那么作为一个陶瓷集散地，这些陶瓷又销往何处呢？这需要从地理环境入手来讲了。清化镇距沁河、黄河较近，离太行山最近，南方用船只运来的陶瓷及其他商

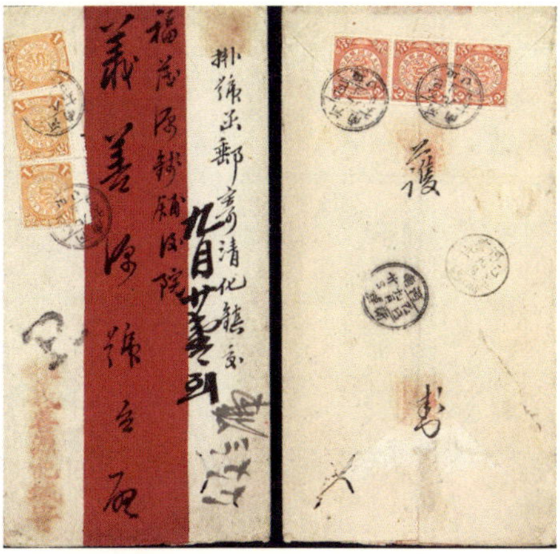

邮至清化镇的挂号信

品可直达太行山脚下的清化镇，清化镇东西方向几十千米内及更远的古城镇都不具备该条件。而到达这里之后，它们主要被销售到晋东南地区。因为晋南地区是从黄河古渡口三门峡进入，再由晋南北上至太原、大同，而晋东南只能由清化镇进入。所以元代以后，这里成了南方陶瓷进入晋东南的转运地，附带的商品有南方的茶叶、红绸等。同时，这里也是晋商们南来北往的聚集地，一直延续至清代。

清化镇地理位置的优势一直延续到近现代。京汉铁路未通以前，这里是由京入陕的重要通道。20世纪初，道清铁路修建就以清化镇为终点，清孟铁路以此为起点。这都证明了清化镇的重要性。

一片片碎去的古瓷器拼贴组成了一个古镇曾经发达的商业贸易景象。而清化商业的繁荣并不只是因为这些瓷器，它只是组成这里商品品种的一个部分。明清时期，怀庆府的商业达到了鼎盛阶段，当时清化镇店铺林立，商贾云集，可书可记的有120余家。而此时一个名叫怀帮的商业团体走出了怀庆府，走向了全国，成为中原商帮最杰出的代表。而怀帮中最为著名的商号，如杜盛兴、协盛全、泰顺等皆来自清化镇周围的今博爱县。当时怀庆府商业

最为发达的城镇即清化镇，在一定程度上可以说，商业繁荣的清化镇是怀帮兴起的一个重要源头，是他们走向全国的重要的跳板。

虽说碎去的瓷器无法复原，但仍能折射出它美丽的前世。而一个小镇的昔日繁华虽已被时光的河流淹没，但这河中沉淀下来的每一粒沙子都能再现它的辉煌。

■ 一座古庙宇透露出的晋商身影

清化镇中有一座大王庙，如今是河南省文物保护单位。据史料记载，大王庙始建于明隆庆五年（1571），距今已有430多年的历史。庙内现存古碑16通，3通为国家二级文物，5通为国家三级文物。庙内供奉着金龙四大王。金龙四大王就是被民间尊为河神的南宋人谢绪。

一个内陆小镇为何供奉河神？答案不仅仅藏在清化镇周边的河流中，我们仍然需要从这里发达的商业说起。清化镇历来是三晋咽喉重地，商家财货聚积停散之乡。镇西边有河道可以行船，由陆路、水路南来北往的客商都会在此歇脚。其中有一名叫刘尚科的晋商，与同乡人到外地做生意，货船从河道返回时遇到风浪，情形十分凶险，大家很担心。而此时刘尚科正在念诵大王经卷，祈祷神灵护佑，后来货船平安返回。这次有惊无险的经历，使大家十分感激神灵，都愿建个安神的地方，以求神灵长久护佑。刘尚科就在清化镇买到信士孙秉德的一段地基，联合其他商人出资建成了大王庙。

康熙四十一年，清化镇金龙四大王庙前立旗杆时，参与捐财物的商家有广平府永年县信商，顺天府信商，真定府灵寿县信商，山东青州府沂水信商，莒州信商，江南淮安府海州信商，山西泽州府信商及怀庆府清化镇信商等，商人来自燕都、淮海、青兖、临淄、太原等地。从碑刻上记载的这些文字中，我们能够想象当时众商云集的盛况，这仿佛是一次清朝商人的嘉年华，成为清化古镇商业繁荣图景中最重要的一幅。

从大王庙碑记中“人有善念，天必从之；人有善行，天必佑之”可以看出刘尚

大王庙

科等商人敬奉神灵，不仅仅是希求拜神就可以财源滚滚，他们的行为也是将信义、布德施仁看作为人的重要信条，经商做买卖也必须在道义诚信中求财。从这里也可以看出商业繁荣的清化镇已经形成了一定的经商理念，成为这里商业文化的一部分。

如今，400多年历史的大王庙仍然屹立在清化镇最主要的商业街道上。这不只是一座普通的庙宇，它涉及政治、经济、交通、地理、民风、民俗等，是清化镇源远流长的商业文化的标志，也是清化古镇商贸繁荣的象征。

一个传说勾勒出的小镇人物

相传明朝嘉靖年间，河内县清化镇有一谢姓人家，谢家有一公子自幼聪明好学，名诏，号丹泉。传说他刚出生时，恰巧何瑭在他家门口避雨，于是何瑭便认他为干儿子。这公子到了16岁便满腹经纶，因他一脸麻坑，又秃了脑壳，人们都称他谢秃子。

谢诏父母想起他的干爹何瑭在京为官，就让他去京城一趟，找他干爹为他寻点事做。谢诏风尘仆仆到京城找到了何瑭。何瑭对他很热情，闲聊之后，心里老琢磨给他找点事做。俗话说“事有凑巧，物有偶然”，偏巧这时皇上下诏，让何瑭奉旨领诏，监考天下才子为公主选婿。

何大人想：我这谢诏儿有神气，看来要当驸马了。就让谢诏进了考场。谢诏进考场后，略加思索，不到一个时辰就答完试卷，出了考场，监考人员惊讶不已。结果谢诏一举夺魁。

考试过后，公主还要面选郎君。这一次谢诏的心凉了半截，他有自知之明，他知道自己相貌丑陋，肯定不会被公主看中。心里忐忑不安，忧心忡忡。何瑭也为他捏一把汗，因为他实在太“与众不同”了。猛然何老先生眉头一皱，眼珠一转，对干儿子附耳嘀咕了一阵“如此这般”，谢诏一听，面露笑容。

公主要面选郎君，宫中大摆酒宴庆祝。酒席上那谢诏赤膊卷袖，站在椅凳上，扔下筷子，用手抓吃。吃得狼吞虎咽，丑态百出。公主见此情景，忍不住用手一指，弯腰大笑。她忘了今天是干什么的，她这一指一笑，非同小可，所谓“千金一笑定终身”，一笑即为选中，何况她又指准了人家。

何瑭见此机会，对谢诏说：“还不谢万岁？”“谢主隆恩”，谢诏倒身便拜，

“我主万岁，万万岁。”众大臣和才子们也趁势恭维，齐呼万岁。

随即，丫鬟、侍女拥上前去，给谢诏披红挂绿，公主见生米做成了熟饭，懊悔不已。

公主就这么稀里糊涂与谢诏拜堂成了亲，心中有苦难言。经过一段时间相处，公主觉得谢诏虽长相丑陋，却很有才华，又会体贴人，慢慢地对他有了好感。一次，谢诏对公主说：“我出来已经几年了，家中母亲也不知身体可好，我实在放心不下，想回去看望看望。”公主想：这秃子还是个孝子呢。就说：“驸马爷，等明天禀告父皇，我随你一同回去。”谢诏又高兴又感激。

第二天，公主对皇上说：“听驸马说怀庆府山清水秀，胜比江南，孩儿想和驸马一同回去。”嘉靖皇帝一听，知道是女儿任性，耍孩子脾气，不过她已长大成人，就让她做主吧！随口说：“好！去吧！”

清化镇古民居大门

公主与驸马告别皇上，来到了清化镇。公主毕竟是金枝玉叶，到了清化镇，给皇上写了封信，请求拨款修城。皇帝也不愿女儿受苦，立马拨款，为女儿修城墙，建花园。这样，谢诏与公主就在清化镇居住下来了。

这个关于谢诏的传说，除了对研究谢诏的生平有参考价值外，也折射出了清化镇居民的智慧与乐观精神。除了丹泉路，镇上或者周围还有一些地名与谢诏有关，如清化镇北的花园村，即为当时谢诏和公主的花园所在。那里竹林环抱，溪流潺潺，现仍是一处风景秀丽之地。镇北山上的月山寺中也留有谢诏题写的诗文碑刻。清化镇的西大街上仍有谢驸马府院，不过其中古建筑已基本上被拆除，盖上了新式房屋，只余门前那一对明代的石狮仍然守护着曾经的侯门荣耀。在谢驸马院周围的几个老的院落里仍然散居着谢氏后人，院里还保存着一些高大气派的古建筑，是清化镇古建筑的典型代表。

■ 古老清真寺见证回汉两族和谐共处

西关清真寺位于博爱县城西关街中段路北，其建筑雄伟，规模宏大，为全省较大的清真寺之一。2006年6月，河南省人民政府将其列为全省文物保护单位。

西关清真寺主要建筑为中式建筑风格。始建于明万历年间，最初仅3间殿房。明清以来又重修多次，逐步扩大，增修了大门、二门、3座大殿及厢房、讲堂等古建筑99间，1995年由河南省古建筑保护研究所设计，在古寺院的北侧又增修了5间仿古门楼、9大间礼拜殿，现共有殿房一百多间。古、新寺殿浑然一体，美丽壮观，总占地面积约9000平方米，可同时容纳2000余人做礼拜。

西关清真寺建筑形式似凤凰回头看牡丹。大门为凤凰头，中轴线的各大殿为凤凰之身，窑殿顶为凤凰尾巴，寺院南北厢房各9间楼房，为凤凰两翅。进二门往北，东边是宏大的沐浴室，能同时容纳百余人沐浴。南边3间是退思轩，为欧式建筑。

西关清真寺保存完整，古建筑群规模宏大，雕刻艺术水平极高，富有浓郁的民族风格和宗教色彩。

清真寺里的碑刻上记载了古寺的历史，也记载了回族同胞在这座小镇上的居住史。清化镇商业的繁荣，离不开回族同

西关清真寺

胞的努力。多少年来，回汉两族人民在这个小镇上互为邻里，和谐共处。而这座古老的清真寺，一方面体现了回族同胞的勤劳与智慧，另一方面也见证了我国民族大融合、大团结、大发展的和谐景象。

■ 新老商业中心的和谐并存开启新的繁荣景象

清化老商业街在现商贸城南，以西大街为主要街道，东西长达数里，老街两侧店铺林立，而许多店铺仍然保存了20世纪初的古老店面，保留着木板门等特色。街两侧以瓦房为主要建筑，保留了大量的民居古建筑。大户人家如“谢驸马院”周围四五个院落，大门上的木雕精巧别致，院落有的多达四进，院落之间的门楣石联均保存完好，雕工精湛。房屋建筑样式有的高大宏伟，有的精巧别致，体现了中原古建筑的特色。

市井民居如“过路院”，这是清化民居的一个特色。许多连在一起的房屋并无专门的院落，而是相互打通，通道即是院落，从前街一直通到后街，有的长达数千米。过路院中也有石雕等古迹，不过更多的是普通民居，它反映出来的是当地经济发达、人口稠密、人均居住面积较小的情况。

20世纪30年代，清化的丝绸、鞭炮、烟丝、竹器、生姜、怀药等仍在全国享有盛名，当时的主要商铺就集中在老商业街上。目前商业街仍然密布店铺，以土特产、小食品批发、小饭馆、菜市、肉铺等传统店铺为主，基本上保留了传统商业项目，仍是镇上普通市民的购物中心街区之一。每逢周末或一些节假日，本来不宽的街上人潮涌动，摩肩接踵，热闹非常。

现在的清化镇，与西大街相连的数条街道，如阁前路等，都基本上保留着街道和建筑的原貌。随便由这些老街道进入两旁的一些小巷，如曲径巷等，都可以见到保存较好，类似深宅大院的古建筑民居或者寺庙。

进入新时代，这块浸染着浓厚商业文明的土壤又开出新的花朵。投资1.2亿元的清化商贸城一期工程——清化商贸城的投入运营，和投资1.3亿元的清化商贸城二期工程——鼎基世纪广场的建设，极大地推动了商贸业的集聚流通。商贸城占地数百亩，统一规划修建，复古建筑和西式建筑并存，为清化镇建起了新的地标。另外，以建材大世界、清化集贸市场等市场为依托的建材、日用品、饮食、物流、店铺租赁、旅游等第三产业的蓬勃发展，也极大地促进了全镇商贸业的繁荣发展，续写着清化镇这个千年商业古镇繁荣的历史。

• 中原古村落中的明珠——寨卜昌村 •

寨卜昌，坐落在怀川大地上的一个村落，位于博爱县境内，距县城5千米。这里历史悠久，就像"待王""承恩"等镇的命名一样，寨卜昌的命名也与武王伐纣有关。相传3000多年前，武王伐纣驻军于此，占卜前程后必昌盛，故得名卜昌。名由卜昌而衍化出寨卜昌，还有一段历史。明初外来人口移居卜昌一带，各将家族姓氏加上，形成药王卜昌、油王卜昌、乔卜昌、侯卜昌等八个卜昌村。清咸丰末年匪患丛生，药王卜昌、油王卜昌、乔卜昌经过商议，共建周长2 500米的寨墙，三村合一，称为寨卜昌。这就是今天的寨卜昌得名的由来。

武王卜昌后，这个一直默默无闻了几千年的村庄，在清朝中晚期真的开始昌盛起来。与许多因在村落里世代居住而昌盛的古村落一样，寨卜昌的昌盛与一个姓王的家族密不可分。一定程度上甚至可以说这个家族的兴衰史构成了寨卜昌这个村落的兴衰史。数百年前，寨卜昌成了王家"泰顺硕"这个全国闻名的商号的总后方。在繁荣时期，这里有豪华宅院六七十座，房屋达2 000余间，村子也被宏伟高大的寨墙环抱。然而王家衰落之后，村子又遭到了侵华日军的焚烧劫掠，泰顺豪宅被烧毁大半。但仍有专家说这里是已发现的中原民居中规模最大的。而其中一座房子的石刻对联也被认定为目前已发现的华夏民居最大石对联。究竟这个村子经历了怎样的历史兴衰，这个家族又经历了怎样的沧桑巨变，也许能从那些宏伟精美或残破损毁的古建筑中看到些端倪。

■ 古建筑魅力

许多初到寨卜昌的人都会对这里的古建筑发出惊叹，这种叹分为两部分：一部分为赞叹，一部分为叹息。究竟是什么引发人们的赞叹？那些高大宏伟的房屋，那些一字排开的瓦檐，那些精美的石雕，那些莲花的垂柱，那些雅致的木雕和古香古色的木门窗，那些内涵丰富的对联，那些南北兼具的建筑风格，都超过了人们对普通民居的观赏经验范围，超出了现代人对住宅的华美程度想象的范围。这些住宅门口的石狮石鼓，建筑的雕梁画栋，院落的布局设计，都散发着历史的悠远与厚重，展现着当时民居主人家业的昌盛和辉煌。它们融房舍、木雕、石刻、书法及民俗风情为一体，兼有北方四合院与南方楼阁式建筑风格。这些都可以让人赞叹，但如果这仅仅是一两户住宅，那么人们就是仅仅对住宅本身进行赞叹，而没有对整个村庄的赞叹。但这里古老的住宅竟然那么多，二街、三街还有一街的一部分，都密布了这样的住宅。这不禁让人们的赞叹范围扩大，而且整个村落都被古老的寨墙所环绕，原来寨墙高9米多，下部宽七八米，顶部宽3米，周长2500米，还有4座寨门和12座炮楼。4座寨门分别题写“纳春融”“揽荣光”“挹秋浆”“迎叠翠”，据说这是将四方之瑞集于寨卜昌，“东纳春天紫气”“南揽黄（河）沁（河）之光”“西挹秋实累累”“北迎太行叠翠”。虽然现存较好的仅有1000米，其余1500米基本处于断壁残垣状态，有的甚至被夷为平地，寨门中只有东门的匾额存留下来，“纳春融”这三个润泽饱满的大字，让人想见当初的风光。

上面说到，这里的惊叹中包含着叹息，是因为这里现存的古民居大多已经遭到很严重的破坏。而当进一步了解这个村落、这个家族，知道这些民居也是经历兵火后残存下来的，大部分豪宅被日寇烧毁，那种叹息将会更加深重，也更激起对战争与侵略者的愤恨。然而在叹息过后仔细观看留存的建筑，仍然会赞叹。

来到寨卜昌古民居的一号院，两副镶嵌在墙体里的石对联分外引人注目。主联是“麟史标八业书香黼黻簪缨荣禄第，龙门衍六经教泽文章礼乐圣贤家”，将“书香、黼黻、六经、文章、荣禄、圣贤”融为一体，凸现官宦书香门第的显赫地位。这副主联高4米，宽38厘米，厚32厘米，为通体石刻。河南省古建筑专家张家泰、杨

寨卜昌民居门前石鼓

宝顺经多次到寨卜昌进行详细考证，认为该石刻对联刻工精细、气势宏伟，是目前已发现的华夏民居中的最大石对联。 副联是“溯天宝辋川图春荣大雅，垂永和兰亭序冠冕儒宗”。大意为追思唐代王维、晋代王羲之，因宅主也姓王，所以借古耀今。而在此处看到的街房房顶却是较为普通的。因为原来街房的房顶遭日军焚毁，现存的房顶是后来又重建的。进去之后，却会发现这座二进四合院里雕梁画栋，墙面是一色的大青砖，厢房的前廊是通体的木质隔扇窗，莲花垂柱。房檐上雕刻的石兽头也虎虎生威。现在过厅已经没有，留下一片残迹，后院的上房基本保存完好。

二号、三号院为清代武举人王大漠的宅院，也有两副对联，副联与一号院的差别较大，为“缵承武略志在报国，因循圣训书以传家”。从“缵承武略”里我们想到是王大漠武举人的身份使然。而大门上也多出了一个大的匾额：“梓里屏藩”。这是对武举人王大漠的功德的赞扬。此宅院的二号院为三号院的跨院，主院阔五间，跨院三间，现主跨院均无后院。这个宅院的街房为悬挑式檐廊，垂柱也为莲花，木质隔扇窗古香古色。此院落保存较为完整，现已设为寨卜昌民俗博物馆。

这条名为三街的街上坐落着七八座这样的豪宅。每一座都有不同之处，却都堪称中原民居中的精品。其中八号院为1947年8月15日成立的晋冀鲁豫野战军第九纵队诞生地，具有更为独特的历史价值。而处在中间位置的，是王氏宗祠。这座祠堂始建于乾隆三十年（1765）。现在留存下来的祠堂，只是王大温所建祠堂的局部，其主体早在20世纪30年代就拆毁了。祠堂门口有一棵古槐，据说树龄已有500多年。进入宗祠，可以看到蛟龙石碑林立两旁。据村里的老人讲，以前这样的石碑有130多通，现在仅剩三四十通了。碑刻大致分三类：一是封赠碑，记载历代先人所受皇恩。二是记事碑，如光绪年间赈灾碑。三是碑记类，如新祠堂碑记，记事清晰，文字严谨，均为书法石刻上品。当时的一品大员毛昶熙，曾为王氏宗祠撰写建祠碑记，并题写“王氏家庙”牌匾。光绪年间王家重修祠堂，光绪皇帝的老师、维新派领袖、著名书法家、户部尚书翁同龢为其题写“先昌厥后”匾额，至今仍悬挂在宗祠内。

按照碑记记载，当初修筑寨卜昌的寨墙时，共耗银60 000两，而泰顺家共出42 000多两，超过总投资的70%。寨墙建成后，泰顺家又请文人为四门题写匾额，将其接到村里，盛情款待，才有了“纳春融”“揽荣光”“挹秋浆”“迎叠翠”四块匾额。

除了三街，二街和一街的一部分也有许多这样的古民居。它们都是精美与残缺并存，豪华与破落共在。每一处宅院都似乎在诉说着曾经的荣耀，也诉说着时间的巨大摧毁力，诉说着家族的兴衰史，更控诉着侵略者的暴行。

历史烟云

如果说那些古民居让人惊叹的话，泰顺家的兴衰史带给人的惊叹绝对不亚于那些古民居。泰顺家的兴起是由贩卖一口口铁锅开始的。300多年前，清朝已经过了最初的动荡，迎来了康乾盛世。清初全国人口只有五六千万，到康熙中期，增长到1亿左右。后来又经雍正、乾隆两代皇帝的励精图治，中国经济迅速发展，耕地面积成倍增长，18世纪，全国人口从1亿增长到3亿。人口的增长，使得衣食住行基本需求中的一个环节——烹饪用的铁锅有了大量的需求。

河南在中国的交通位置上占有重要的优势，而当时寨卜昌村附近的清化镇（今博爱县城）就是河南交通网络的一个重要枢纽，同时清化镇地处太行八陉“太行陉”外，自古是进出山西与华北的交通要道。地处这样的位置距铁锅主要产地——晋南很近，对经销铁锅这样笨重的商品有着很大的便利。

泰顺号的最初产生是由于寨卜昌村一个叫王来贡的读书人，他曾进入太学，但后来弃文从商，走上了一条与“学而优则仕”的读书人不一样的道路。

初入商海的王来贡看到铁锅生意有很好的商业前景，就一心卖起铁锅来。刚开始王家人挑担儿叫卖，后来赚了钱就买牲口驮运，生意逐渐做大，有了信誉，开办了固定的销售点；再赚了钱盖起房，从地摊变成门店。这样滚雪球般发展，几十年后，门店多了起来，大约在康熙五十年（1711）的时候，王来贡的孙子王问安创立了“泰顺号”。

到了乾隆末年，泰顺号的“连锁店”在苏北、皖北、山东、河北、河南遍地开花，大大小小的门店加在一起有100多处。白花花的银子每年从这些地方被拉回寨卜昌。而泰顺家族大兴土木就是从这个时候开始的。生意逐渐做大，使泰顺家族制定了一套较为完善的商业经营和管理模式。

他们既借鉴晋商的成功经验，又有“独门秘籍”。泰顺家族生意的“独门秘籍”就是“言不二价，货不二换”。所谓的“言不二价”就是不讨价还价，不打折优惠。所谓“货不二换”就是不挑不拣，掂着哪个是哪个。泰顺家的“连锁店”都是前店后仓，每个型号的锅前店只放一件，顾客看准样品，不管购买多少，到库房提货时，不准挑拣。然而这种现在看起来过分强硬的营业态度反而使顾客盈门。泰顺号敢于这么做，缘于进货时的认真，只从信誉上佳的厂家进货，并制定十分苛刻的质量标准，由专业人员对每一件货物进行质量检查，严把质量关。顾客在买锅时，即使不挑不拣也不会买到残次品。这种奇特的售货方式，既能为顾客所接受，又抬高了泰顺号的身价，树立了百年老店的声誉。200多年来，不管生意兴衰，泰顺号在管理上，都是独家资本，不吸收别人资金，但却将所有权和经营权严格分离。各“连锁店”的经营管理都由掌柜全权负责，子弟不能随便到店里指手画脚，更不能在店里支取银钱，也不准以东家身份在店里吃住。掌柜不但有经营管理权，还有人事选聘权，所用人员只需报东家批准就行，东家子弟、亲属等一概不准进店工作。

王氏宗祠古碑

泰顺家族的生意由于这种经营和管理模式日渐红火起来，然而这种发展也不是一帆风顺。嘉庆年间（19世纪初），泰顺号从河北一路向北发展。当泰顺号的连锁店开到辽宁的时候，当地有一知县想入股分红，遭到了泰顺家族的拒绝。结果知县恼羞成怒，当即诬告泰顺号在边境贸易，违反钢铁出口禁令。这一罪状在当时是死罪。这在泰顺家族内部起了巨大的波澜，然而毕竟有同根同祖的血缘关系，当时共同执掌家族大权的王蕴绪、王蕴彩和王蕴彰争相前去应诉。经过一番争执后，老三王蕴彰和老大的儿子王启泰一起上公堂应诉，结果败诉，王蕴彰被判死刑。王家不满怀庆府的一审，后来上诉到开封府。经过银钱打点和有关官员的帮助，最后他们赢了这场官司。大难不死，必有后福，泰顺号经历这一场劫难后名声大振，生意兴隆，日进斗金。这种家族管理模式使泰顺号的生意达到了巅峰，但同时也为家族的没落埋下了隐患。

天下事有利便有弊。泰顺号一直沿袭的管理模式是所有权和经营权分离，实行掌柜负责制，不让子弟参与经营活动。这一方面保证了泰顺号正常经营，同时也使子弟失去参与商业活动的机会，使家族后辈逐渐丧失了先辈的创业精神、商业头脑及经验，在商海中无力抵抗大的风雨动荡。鸦片战争之后，西方列强的军事、经济入侵日渐加剧，康乾盛世的景象已渐渐失去踪影，民众生活日益艰难，民族工商业也举步维艰。泰顺号在这样的时代背景中也无法逆转颓势，以往各地连锁店生意兴隆、财源滚滚的鼎盛景象渐渐消失。穷则思变，泰顺家族看到了铁锅生意的衰落，就开始寻找新的出路。当时英国人在焦作大举开发煤矿，焦作本地富户豪强看到挖煤有利可图，也纷纷投资开窑。此时泰顺家的掌门人王大温也开始琢磨这个生财之道，最终决定在老君庙一带开挖煤窑。而此时家族管理体制的弊端开始暴露出来：王氏家族后人不善于经营管理，再加上先天技术不足，贷来的款项不久之后就挥霍殆尽，然而煤矿却仍像一个资金的无底洞。无奈之下王大温将煤矿转卖给了别人。谁知不过数月，那家人就挖出了煤来，王大温听到消息后，气得差点吐血。此次转型失败后，家族无可遏止地衰落了下去，背负了大量债务。以致后来曾经奉泰顺号为神明的“广益亨”钱庄派人住在泰顺家要账，后来又把他们告到了开封府。泰顺家族百年声誉由此毁于一旦。

而此时家族内部也开始分崩离析，以前王蕴绪、王蕴彩、王蕴彰三兄弟情深义重，又为了泰顺号的整体利益，一直没有分家，只将连锁店分成三份进行管理，却并未分产权。而此时家族衰落，族人们却认为正是分家的时候。这场分家的纷争一直闹了30多年，在1920年才最终彻底分开。此后泰顺家族再也无法重现当年的繁荣景象。泰顺号生意萧条、财源枯竭，连锁店相继倒闭破产，家族的大多数家庭，已经相当拮据，而此时有些泰顺子弟又吸食上了鸦片，只能变卖田产家业。此后泰顺子弟们各自演绎着自己或悲或喜的命运，一个曾经辉煌显赫的家族由此彻底没落。然而祸不单行，在那个战火纷飞的年代，等待他们的还有更大的灾难。1938年4月14日，驻扎在清化镇的日军，有一小队到寨卜昌村一带抢掠，被寨卜昌地方武装开枪打死两个。第二天日寇大量军队便开到了寨卜昌。他们先用大炮轰击，接着马队、步兵闯入村内，对村庄进行了为期三天的残酷虐杀后，临走又放火焚烧。大火烧了三天，2000多间民宅化为灰烬，只余下我们今天看来残破不堪的300余间宅院。至此泰顺家族的辉煌、寨卜昌的辉煌在历史的烟云中魂飞魄散，只有那些残存的古建筑像历史的骨架一样，支撑起无数人的赞叹，也支撑起无数人的叹息。

近年来，寨卜昌的古民居引起了多方的关注，有学者亲自来这里考察，多家新闻媒体对其进行了报道。同时省、市、县各级政府也都重视起这个古村落来，投入了物力、财力对寨卜昌古民居进行保护。2000年9月，寨卜昌被省政府批准为文物保护单位。

考古探秘

——历史尘封的文化遗存

焦作历史悠久，文物古迹众多，国家级重点文物保护单位有14处，省级文物保护单位有83处。这些古迹就像是海浪退潮时留在沙滩上的贝壳，每一颗都值得人细细品味，细细探赏。在焦作众多的文物古迹中，考古工作者可以说是最先的品赏者，也是发现者。深入地下，从崭新的泥土中挖掘到古老的地层，发掘到一个古老的世界，发掘出古老的器皿，这种滋味，也许是单纯欣赏摆在博物馆中文物的人们无法体会到的。无论是被时间的风雨冲刷掩埋的古太行道，还是在一个新兴城市地下默默埋藏的宋代古墓，还是甫一出土就震惊考古界的汉代陶仓楼，曾经光芒闪耀的它们在考古人员的详细诉说中会再一次光彩动人。因为发现它们的过程也是如此不寻常。当然除了这些，焦作还有更多的文物古迹及它们背后的发掘故事，如府城遗址、山阳城遗址等。就像还有更多的文物等待我们发掘一样，发掘它们的故事，也等待着我们一个个地书写。

• 考察太行道 •

太行道，雄踞太行山南端，是“太行八陉”重要的一条古代通道；南起河南省沁阳市山王庄马鞍山，北至山西省的晋城市和阳城县。蜿蜒盘绕在崇山峻岭之间，周围峰峦叠嶂，沟壑纵横，古隘丛峙，孔道如丝，“北达京师，南通河洛”，是我国古代一条军事、商贸和文化交流的大动脉。历史上为南控中原、北抵上党的军事要道。

据史书记载，太行道山路盘绕似羊肠，关隘林立若星辰，地理位置十分重要。这一带关隘主要包括羊肠坂、盘石长城、碗子城、古长城、孟良寨、焦赞营、大口、小口、关爷岭、斑鸠岭、拦车村、天井关等多处要塞。唐代李吉甫《元和郡县图志》载：“太行陉在怀州北，阔三步，长四十里，羊肠所经，瀑布湍流，实为险隘。”唐代张守节《史记正义》载：“羊肠坂道在太行山上，南口怀州，北口潞州。”明代顾祖禹《读史方舆纪要》说：“太行有羊肠坂，南属怀，北属泽。”卷四十九又载：“关之南即羊肠坂道……又府西北三十里曰太行陉，一名丹陉，太行八陉之一也。”《怀庆府志·山川志》记载：“太行陉，在府城西北三十里，一名丹陉。”

这些典籍资料说明太行陉又称丹陉，又名太行道。经考证可知，太行陉南端起点至山西高平、泽州之间共有三条通道，分别是窑头线、常平线和丹河线，它们是千年古道太行陉不可分割的一部分，具体路径走向为：

窑头线：校尉营、窑头、风口、关爷岭、天井、斑鸠岭、小口隘、草底铺、星轺驿（今山西泽州拦车村）、晋庙铺、天井关、河底、泽州。

常平线：山王庄红土胡同、马鞍山、张老湾村、常平村、羊肠坂、碗子城、风门、横望隘（今山西泽州县大口）、草底铺、星轺驿（今山西泽州拦车村）、晋庙铺、天井关、河底、泽州。

丹河线：丹河口、山路平、四渡、大华寺、九渡（此处西上可直达大口横望隘）、青天河、丹河天井关、泽州。丹河线另外有一条道是：丹河口、山路平、四渡、大华寺、九渡、杨庄河、黄掌村、石盆河、清风寨、大寨坝、韩家庄、晋庙铺、天井关。

在三条线路中，窑头线地处西侧，距离天井关路程最近，窑头关帝庙以南地势陡峭、山势险峻，汛期还要蹚涉邗河，车马难行。常平线地处中部，常平村以南山势低缓，海拔相对较低，易于通行，但常平村与碗子城之间是10多千米的羊肠坂，崎岖难行，山高谷深，宽约3步（2米左右），最为险要。据明代史书记载，曹操当年北征叛将高干走的就是这条道路。丹河道地处东侧，距离天井关和泽州路程最远，环境恶劣，车辆绝难行驶，易受河水丰歉影响，但较为隐蔽。

太行道分主道和两条支道。

主道从今河南沁阳市山王庄的红土胡同开始，北上走马鞍桥山坡、关爷庙、张老湾村、常平村、羊肠坂道、碗子城、封门、横望隘（大口）、磨盘寨（孟良寨）、星轺驿、天井关、河底村、泽州。

西支道从沁阳邗郜村北上，过校尉营、封门、窑头、关爷坡、天井、前湾、斑鸠岭、后湾、焦赞营、小口、黑石岭、草底铺、星轺驿、天井关。

东支道就是丹道，《怀庆府志·山川志》记载："太行陉，在府城西北三十里，一名丹陉。"是指沿着丹河峡谷的河畔进入泽州的古代通道，当地居民又称河底道。

石坂道

2006年国庆期间，由河南省及焦作市有关专家参与的"豫晋古商道考察活动"发现了四处古丹道遗迹，分别位于九峰山北山脚下、丹河天井关、青天河大泉湖西岸山崖上和北魏摩崖石刻附近，说明丹河古道自古就是一条秘密快捷的战略通道。据《魏书·孝庄纪》载：永安三年，"诏大都督兼尚书仆射、行台源子恭率步骑一万出自西道……防讨之。子恭仍镇太行丹谷……尔朱兆寇丹谷……源子恭奔退。"这是说北魏永安三年（530），太原尔朱氏家族偷袭丹河峡谷，大败源子恭，逼占洛阳，擒获孝庄帝元子攸的史实。另据博爱青天河景区摩崖石刻碑文记载，北魏永平元年（508），朝廷派遣两名将领和4 000兵丁，对太行陉丹河通道的32个险要之处进行大规模整修。丹河峡谷作为古代豫西北进出晋东南的又一条通道是毋庸置疑的。大概由于其南端起点与太行陉主干道南端起点相毗邻，或是由于其泽州以北通达的路线与太行陉泽州以北通达上党的路线相重合，历史上的太行陉便自然被人们称作丹陉，实则是两条道路。丹道是太行陉的一条最早的古道。自从太行道西移到山王庄马鞍山经张老湾、常平、羊肠坂、碗子城、大口隘、星轺驿到达天井关主干道以后，丹道渐渐荒芜，因此，太行陉也被通称为丹陉。自古以来，人们行走在太行山，由于道路条件的限制，翻越太行山只能循着河流的自然流向沿河谷穿行，因此丹河古道应是太行陉最古老的一条通道，也是太行陉不可分割的重要组成部分。

这条古道的另一支道从丹河峡谷的九渡村向北，走杨庄河，沿着河谷到黄掌河村、尚河、尸军口进入山西，到石盆河，顺着山路河道到清风寨、大寨坝、韩家庄、晋庙铺、天井关。这条道路的石坂道比较狭窄，黄掌河村南有一寨门，现在已经被村民堵塞成为羊圈；尸军口是山西、河南的界关关门，上有匾，长75厘米，宽35厘米，“尸军口”为明代书写。关内石坂道，长300余米，马蹄印深达7厘米。这条道路更加隐蔽难行。顺河谷而上到清风寨，古道依山势而上，长约500米，宽约2米；道路的西侧有城堡，城堡面阔5间，有水窖、旗杆石等，从这里北行可直达晋庙铺会合太行道主道，到达天井关。

因篇幅所限，现仅就主道做简单介绍。主道（常平道）有马鞍山段、关爷庙段、常平段、羊肠坂、大口段。

过了山王庄的红土胡同，沿山谷西侧爬坡而上，在一个东西横亘的山脊前，有一石坂古道。这里太行山呈东西走向，山脊上有一缺口，形似马鞍，当地百姓称其为马鞍桥，山被称为马鞍山。缺口南侧的山坡上，保存有一段长约300米的石砌古道，道宽4米，最宽处为6.7米，铺设整齐。道边用石块垒砌，中间用青石铺就，蜿蜒北上，沿着古道前行，青石上的马蹄印清晰可辨，深的约有10厘米，浅的也有3厘米。从山凹处翻越马鞍山后，一条石道蜿蜒向西北延伸，前进不远，可见一段长约500米的石坂道。此段坂道的长度和完好度是太行道中保存最好的。道宽6米，全部是青石铺砌，非常整齐，显然是古代太行官道。古道断续相连，一直延伸到一个叫关爷坡的山顶，太行古道就在关爷庙两侧通过。现在关爷庙早已荡然无存。从关爷坡一直前行，古道时隐时现，大部分已开辟成大道，一直延伸到张老湾村。张老湾村是个较大的村子，人口千余，古时商旅、官衔盘桓到此，多要小憩打尖，歇息

古羊肠坂

进膳，现已无迹可觅。出张老湾村，北上到常平村，沿途的古道已被现代化的晋—豫公路所代替。常平村是沁阳市最北的村庄，村后为碗子城山，山后便是山西境界。村后有百米长原为沟壑，相传宋太祖赵匡胤征北汉经过此地，崎岖难行，下马负一石掷于山中，士兵见此，皆负石投掷于此，即日成为大道，称宋太祖道。山前古道即史书记载我国古代著名的羊肠坂。

羊肠坂，是古代南通中原，北连上党，直达河洛的交通要道，《战国策》中记载“得天下要决羊肠之险，塞太行之口”，向为兵家必争关隘。建安十一年（206），曹操在野王（今沁阳市）屯兵一年，北征叛将高干，面对羊肠坂的艰难，曾作《苦寒行》：“北上太行山，艰哉何巍巍。羊肠坂诘屈，车轮为之摧……”唐玄宗李隆基路过此地曾写道：“清跸度河阳，凝笳上太行。火龙明鸟道，铁骑绕羊肠。”李白也曾写道：“五月相呼度太行，摧轮不道羊肠苦。”羊肠坂蜿蜒于崇山峻岭之间。一旁危崖高悬，一旁沟壑深涧，阔三步，现存石砌坂道长百余米。其他的地方被20世纪五六十年代开辟的公路所破坏，羊肠坂道上蹄痕轮迹仍依稀可见，羊肠百折盘绕，险象环生。道旁的峭壁上现存有摩崖题刻《修太行道记》，另有石刻般若经一方，字迹风化严重。清代同治元年题刻的“古羊肠坂”四个大字，苍劲有力，相传为清同治初年翁同龢所书。

在碗子城山的半山坡一处平地上，有一座青石叠垒的圆形城池，由于其地狭窄，形似饭碗，故名碗子城。碗子城东西设门，城墙现存高度4.8米至7米，墙厚4.8米，城内直径19米。东门洞高3.54米，宽3.1米，进深6.3米；西门洞高3.56米，宽3.07米，进深5.96米。据《怀庆府志》记载：“太行山顶，其路羊肠，百折中有一城，地仅一亩，唐初筑城，置此以控怀、泽。甚小，故名。”原东西门洞上均嵌石刻，东曰“北达京师”，西曰“南通河洛”。现城址为1861年重修。当时为阻击获嘉李占标农民起义，风台知县集资2 000余缗而修，“置墩台以塞城外之路，另筑牛马墙十余丈，属于台，以护城”。又害怕起义军从西侧小口村入关，所以也在小口村重修城墙以捍卫。连接碗子城西的盘石城墙，高约4米，墙厚1.5米至2米，沿山腰西行，长千余米。

碗子城西北约2.5千米羊肠坂即大口村。大口，古称横望隘，位于太行绝顶，为晋豫古道的重要关口。据《泽州府志》记载：唐宰相狄仁杰，自汴州迁并州路过此地，登山遥望，但见太行莽莽，白云横飞，想起留在河阳的父母，横望感慨。泽州知府朱樟为之刻石纪念，遂称横望隘。从村南拾级而上，古道始终穿行于村中，百折绕行，清晰可见，马印车辙，蹄印深达10厘米，浅者也有3厘米，踩踏碾压痕迹比比皆是。村中步道宽1.5米至2米，拾级而入，关门内现存明清建筑几十间，皆为旧时馆驿和驻兵居所，现无人守护居住，已呈现颓败之象。村北有一券门关口，宽2米，高约2.3米，上刻“三晋雄关”，碑长62厘米，宽35厘米，系明代崇祯年间所刻，因年代久远，风吹雨淋，字迹斑驳，何人所书已不详。行至村北高处，已达太行绝顶，“观黄河如带，邙山如儿，丹沁交流，微明一线”，西侧悬崖峭壁，沟深谷壑，绝难通行。顺步道前行约300米，即到一古寨堡，此寨堡古称磨盘寨，当地百姓言为北宋杨家将部将孟良据此抗辽，后称孟良寨。在一村民家中，发现建寨石碑一通，碑泐损严重，碑文模糊不清，依稀可见“河南□□怀庆□□”等字样。此寨呈不规则方形，寨南北长34.3米，东西宽29米，高5米，墙厚约4米，均用白灰砌成。该城南北设门。寨北有一泉，现为水池，当地称背泉，应为据此守寨的戍卒用水所在。寨西为断崖深涧，北望群山耸立，如巨蛇蜿蜒，中间为山脊，古道即从此山脊通过。寨墙东连长城，长城大致呈“U”形走向。随天然山势，长岭跨山越谷，或削山为堑，或片石构筑，残墙最高处约3米，蜿蜒东向，直达河南沁阳天池岭的绝壁处。长城地势南缓北陡，其防守面朝北，应为抵御防范鞑靼族入侵而建。

大口向北约3千米，即到拦车村，拦车村古称星轺驿，为太行古道上的重要驿站，历来出入豫晋路经此地的官员和使臣均在此下榻歇息。另有众多文人墨客也曾光临此地，如王维、李白、白居易、刘长卿、司马光、于谦等。现村中街道从南至北有4里多长，街道两旁多为明清建筑，雕梁画栋，楼阁耸立。村北有一两层过街楼阁，一楼中间为石券拱门，券顶由五块青石组成，券石之间皆用燕尾铁榫紧紧扣联，门的北面镶嵌匾额，上书“河东屏翰”。村东现有明清时修建的一座关帝庙，坐北朝南，殿堂廊房齐全，外观颇为气派，建筑精美。

离开拦车村不远，向北过石槽村、山尖村，即到天井关村。天井关位于天井关村南，村以关得名。天井关雄踞太行山的山巅，古道从村中南北穿过，关周围峰峦叠嶂，地势险峻。西面悬崖嶙峋，高耸绝顶；东临深谷绝崖，松柏虬枝，临崖而生。村中古关门虽破旧凋敝，但仍岿然屹立。关楼面阔三间，上下两层，来往车马行人从券洞中通过，正面楷书“天井关”。天井关一名的来历，众说纷纭，其中较为可信的一种说法是：因关南有三眼深莫能测的井泉而得名。所谓天井，其实应该是井泉，是垂直似井的水泉，韩愈诗中有“是时新晴天井溢，谁把长剑倚太行”，说明唐代这里还有泉水溢出。据当地村民介绍，天井到底有多深，无人知晓。有好事之人，曾用绳拴一鸡坠入井中，绳尽仍不触底，提绳上来，鸡已无肉，仅剩腿骨。村民骇然，便用一棵大树连根带土盖住了井。现在一片荒芜，野草丛生，已不可寻。

在天井关村，村人介绍在街道的中心有一石猴，不知何时何人将石猴首级割去，村中人称“石猴石猴没有头”，此猴是路标。见石猴时便有一岔路，往西去阳城，北走达晋城，古代客商以此为标志。

• 宋墓探秘 •

2007年9月22日，焦作市文物部门接到风神轮胎厂小尚原料库基建工地打来的电话，称该工地在打地基灰桩时，距地面1.5米深处坑基础下露出一洞口，并出现有青砖，疑似墓葬。市文物部门接到电话后随即派考古专业技术人员赶赴现场勘查。当技术人员进入建筑工地第一眼看到的是建筑工地土堆旁一片狼藉，乱砖俯拾皆是。令考古工作者惊异的是，空洞四周为小砖券起的穹隆顶状，沿洞口向内俯视是一个较大的砖室，顶部内壁为白灰地仗，地仗上部施有彩绘，下部四周为小砖砌成的八

小尚宋墓内部

边形，有角柱、平板枋、额枋、斗拱等古建筑构件，底部被淤土填平，整个砖室为彩绘。文物工作者马上意识到这是一座规格较高的八边形仿木结构彩绘砖室墓，除工程施工造成墓室顶部被破坏外，墓室结构依然完整，根据墓葬暴露部分，考古工作人员确定，这是一座宋金时期的墓葬，这一判断更引起了人们极大的兴趣。既然是宋金时期的墓葬，那么墓主人是谁呢？考古人员随即对该墓葬实施保护措施，进行抢救性发掘清理，该墓地暂命名为小尚墓地。

小尚墓地位于焦作市中站区府城办事处小尚村北部，焦博公路北侧。站在该墓地，极目四望，整个区域处于山前平原地带，地势相对平坦，地面无任何文物遗迹迹象。据当地老者回忆，祖祖辈辈在这片土地上耕耘劳作，从来没有听说过有什么墓葬。

由于墓葬顶部被凿穿，墓室结构暴露在外，为避免意外事情的发生，文物工作人员即沿洞口进入墓室内部，将墓室原状照相并进行相关测绘工作。墓室内宽敞有余，室内结构十分讲究，富丽堂皇，见者无不为之惊叹。该墓室顶部为小砖砌券的穹隆顶，最顶端砌出直径0.34米的圆孔，以砖填实。圆孔下部是一圆圈形用黑、红、黄、白四种颜色彩绘出四层垂莲花瓣形图案。穹隆顶内壁地仗较薄，为白灰粉刷而成，然后在白灰地仗上彩绘如意形祥云图案数朵，每两朵祥云为一组，一上一下错落有致，整个穹隆顶的中下部形成了一个祥云的海洋。

墓门位于墓室南部，被一块较大型的毛坯青条石紧紧封严。墓室为八边形，均砌成仿木结构，墓壁的每个转角处，在上部砌出立柱，柱间砌出通间阑额，立柱上、阑额上施以黄彩；其上砌出普柏枋，普柏枋上施以红彩；转角处的普柏枋上砌出柱头铺作，柱头铺作之间再砌出两朵补间铺作。该墓室用小砖砌成上下两层铺作。下层铺作的栌斗和散斗上施以白彩，相邻铺作的泥道拱上间隔施以红彩和黄彩。拱眼壁内，以黑彩勾画出拱眼壁形状的图案，图案内间施以红彩和黄彩装饰。

红彩多为太阳纹图案，黄彩上多以黑彩绘制出变形几何图案。由于彩绘褪色严重，大多图案已无法辨识。

下层铺作上为撩檐枋、檐椽头、连檐和檐瓦。撩檐枋上施以红彩，檐椽头上施以黄彩，连檐上施以红彩。檐瓦上再砌出墙壁，上施以黑彩。其上转角处再砌出立柱，立柱上施以红彩；柱间施通间阑额，阑额上以红彩在白底上通绘出波浪纹图案，其上施普柏枋，普柏枋以黑彩勾画出上下相对的半云团图案，云团内间施以红彩和黄彩，转角处的普柏枋上砌柱头铺作，铺作用材较大。栌斗上托泥道拱，拱上置三升，铺作间的拱眼上，以黑彩勾画出拱眼壁形状的图案，内绘制出不同的太阳图案或雕刻成窗户。

令考古工作者惊讶的是东南壁的拱眼壁内，用红彩绘制出下部未脱离海平面大半圆的一轮红日；东北壁的拱眼内用红彩绘制出下部已脱离海平面的一轮红日，红日上以黑彩由上至下绘制出四条水平直线纹，表示出朝阳正在穿越云海，冉冉升起的美丽景象，寓朝阳出东海之意；西北壁的拱眼壁内用红彩绘出一轮正在升起的红日，红日的轮廓较大，寓示着早晨刚刚升起的朝阳；西南壁的拱眼壁内用红彩绘出一轮正午的阳光，太阳的轮廓较小，光芒四射，寓示晴空万里。

以上四幅壁画，以太阳在天空中的位置和相伴的大海、云海等衬托，描绘出朝阳初升到日上中天、蒸蒸日上的美丽景象，寓示墓主家业如朝日初升、发达兴旺的美好理想，寓意非常深刻，在同类墓葬中比较少见。

由于墓底被淤土淹没，墓室下部构造及墓底情况不详，为配合基本建设工程之急，又利于文物保护的“双利”方针，墓葬发掘工作就此展开。先从墓室开始，将淤土一层层小心翼翼地清理掉，在发掘的同时，人们十分关心的是墓主人是谁，有无随葬器物。随着室内底部淤土的层层揭取，谜底被一一解开。

当淤土挖去0.4米深时，在墓室的北部位置，两具木棺已显露出来，为东西长方形，南北放置。棺木虽已腐朽仅存灰痕，但棺木表面的髹漆尚存，仍可看出棺木的形状大小，经进一步发掘清理，棺内人骨架保存基本完好，由于年代久远等原因，骨架自然腐朽严重，大部骨架已变为黄粉状，棺室内外均未发现任何随葬器物和有价值的证据，经鉴定该墓室发现的两具人骨架为老年人。接下来人们关心的问题就更多了，诸如墓葬的年代是否为宋金时期，墓葬内这两个逝去的人是谁，他们两个人之间是什么关系，是否为夫妻，是否同时死亡，为何一起下葬？这都是需要认真研究讨论的问题。该墓葬建筑结构这么复杂，彩绘又这么豪华，不可能为一般平民百姓建造的，难道就没有随葬器物和一件有价值的东西吗？虽然墓葬发掘清理工作还在有序进行，但是，发掘者一直带着疑问、带着猜想，不放过任何蛛丝马迹，仔细地清理着。

当清理到墓门口时，令人兴奋的事情终于发生了，一块青石板赫然露出来，接着一位工作人员“咦”的一声：“有文字！”把大家的视线都集中在这块“宝石”上来，经仔细清理，一合青石质方形墓志被清出了沉睡千年的墓室。工作人员迫不及待地把这一墓志上的积土小心剥落干净，墓志文字清晰可辨，墓志文字为楷书，志文如下：

宋故冀闰墓志铭

君讳吉，祖居怀州河内县清期乡第四管，小向人也。平生气直廉信，不忽世，以务农治生，常足于家。凡于乡党治事，其于人也无毒，其与亲也有义。于是乡人见者，靡不奇之。后万居于南封作，迨今六十余季，资产大进，家积巨万。闰乾兴元年生，二十七岁娶大贯村于氏为妻。于氏明道二年生，生二子一女，嫁与王封村都家为亲，生二子一女，寿而死也。长子冀皓。身丧，引婚得大涧作部氏为亲。二曰冀沄。娶聂庄村梁氏为亲，生二子二女：一曰男冀平，娶大贯村董氏为妻，生一女名菊花；二曰六斤，定得聂村李氏为亲；一曰大姐，嫁与陆村秦家为亲，生一女；二曰白姑，定与上院村毋家为亲。长曰：“二男二女，亦是冀君之孙也。”举事皆一义让不僭，于家则喜色常见于面，可谓伤心之子也。君曰：“长子性宽志殊，于人可治家，治家久必进子孙也。”君忽曰：“抚二子二女等时俊于人，乃吾双目之宝也。”润（闰）享年八十六岁，大观元年六月廿二日而终；妻于氏亦享年七十九岁，政和元年九月十七日而丧。一日皆叩头泣血，思感父鞠育之恩昊天罔极，将何报乎？况父母者，子之天地欤，无天何生？无地何形？虽服丧三年，苴杖居庐，食粥席薪枕口块犹未尽其孝，答于亲也。我闻杨子言：“死生尽礼，可谓能子乎。”又荀子曰：“事亲饰始也，送死饰终也。始具而孝子之事毕矣。”仍（乃）父子召师议葬，距庄南一里之塬，附祖茔东之隅，卜其宅兆，以安措之父母也，则春秋祭祀传于后矣。

固作铭曰：次西祖茔者，曾祖父母、祖父母。次北茔者，伯叔父母。

廉信不忽，气直远曲。性则如山，心亦同烛。生德若冰，死行其玉。生死无瑕，葬出官禄。

皇宋政和三年癸巳岁十一月戊寅朔十三日庚寅葬。为首冀沄书。

根据墓志记载，终于解开了墓主人神秘的面纱，墓主人“冀闰原河内县小向人也”，也就是现在焦作市中站区小尚村，乾兴元年（1022）生，一生务农，但精于治家，成为“家积巨万”的富裕之户，享年86岁，大观元年（1107）六月廿二日而终。娶大贾村于氏为妻，享年七十九岁，政和元年（1111）九月十七去世。

他们的后院大多都设有祭堂，先逝者按位摆放在祭堂内的设定位置，守孝三年，等年长者一一逝世后一并起殡入殓，行丧队伍甚是隆重排场，这一丧俗清末民国初年还一直盛行。

墓志中记载的地名，“怀州河内县清期乡第四管，小向人也”，现今仍然存在，但行政区域规划已改变，宋代的怀州河内县现为沁阳和博爱县，清期乡现今为博爱县清华镇和期城村，小向现在为焦作市中站区府城办事处小尚村，“向”通“尚”。冀闰墓葬位于现小尚村西北，与墓志记载的安葬之地相吻合。墓志记载的“南封作”“王封村”“大涧村”（现为大家作村）现为焦作市中站区所辖，“大贾村”现为武陟县宁郭所辖，“聂村”“陆村”现为博爱县阳庙镇所辖。墓志中记载的地名，大多一直沿用至今，对研究当地的地名变化及校正提供了珍贵的实物资料，同时对研究宋代当地社会经济状况及民风、民情、葬俗提供了不可多得的实物资料。

墓室清理结束后，综观整个墓室，考古人员好似置身在楼阁迷宫之中，墓室隔壁的铺作下部，除南壁为甬道外，其余均砌出仿木结构门窗、台阶、望柱、护栏、桌、椅、案、柜桌、床、帷帐、悬幔等，在桌的两侧，绘制出人物壁画。

冀闰墓应为北宋末年（1127年，金人入侵，攻占汴京，北宋灭亡）流行于豫北地区殷实富裕之家墓葬形制的代表之作。该墓室的建筑汇总了宋时期大木结构的建筑水准，为研究这一时期的建筑提供了不可多得的实物素材。

• 发掘陶仓楼 •

陶仓楼是汉代时期建筑明器，它表现出来的较高的艺术性、研究性、历史性价值，使其在中国浩瀚的文物宝库中闪烁着绮丽的光芒，占据着重要的地位。2009年，焦作市连续出土了两件完整彩绘陶仓楼，可以说是焦作出土众多陶楼中的精品。此消息先后被《焦作日报》、《河南日报》、焦作电视台、中央电视台等多家新闻媒体，以及中国网、网易、宁夏网、中国文物网等多家网站报道。

2009年8月12日，焦作市文物工作队接到“110”通报：在焦作市马村区一建设工地发现一座古墓葬。接报后，工作人员赶赴现场，发现一砖券墓顶部被工地挖掘机压塌出一洞，向洞内看，墓内并没有多少淤土，该墓保存应该比较完好，遂开始对古墓葬进行抢救性发掘，并编号为M122（该建设工地位于市级文物保护单位白庄墓群，之前文物队对该地区进行过考古发掘）。

考古人员先从塌陷部位钻进墓中，墓内情况一目了然。该墓为典型的汉代时期单室砖券墓，南北向，墓室南部设有棺床，两具尸骨已朽，墓道位于墓室北部，人字形砖封门，在墓室北部堆放着陪葬器物，东、西两边各有一耳室。让大家感到万分惊喜的是：在东边耳室旁，紧贴着墓壁矗立着一座一米多高的四层陶仓楼，非常完整！这种情况在以往的考古发掘中是难以见到的。因为在以往古墓葬发掘中，墓葬多数倒塌，再加上陶仓楼规模比较大，容易碎裂，出土以后需要后期大量的修复工作，像这样丝毫无损的，可是第一次，所以大家激动的心情可想而知。不过，更大的发现还在后边。

五层彩绘陶仓楼

由于当时已是下午6时许，为保证天黑之前文物能够全部清理出来，安全送回库房，大家开始加紧发掘工作：照相、编号、测量、记录、绘图……正当大家都在紧张而有序地忙碌，工作人员钻进东边耳室准备清点耳室内的文物时，却发现耳室东部竟又连着一个墓室。这个墓室与西边的墓室一样，保存完好，形制也与西边的墓室相同，为南北向砖券墓，南部为棺床，两具尸骨已朽，陪葬器物堆放在墓室北部。让大家更加意想不到的是，紧贴墓室东壁同样也摆放着一座陶仓楼，这是个五层陶仓楼，同样完整！

那么这两座墓室应该是什么关系呢？是属于一座墓葬的两个墓室，还是两座各自独立的墓葬呢？经研究，考古人员认为，虽然这两座墓室共用一耳室，互为连通，但从墓葬形制、陪葬器物各自独立完整，墓室主人均为合葬等情况来看，应该属于两座古墓葬。那么这两座墓的主人又是什么关系？为什么会用这样的方式将墓葬连在一起？我们只能从出土器物——两座墓葬均出土的铁剑来揣测：两位墓主人生前可能为带兵或习武之人，两者之间可能会是兄弟之类的亲属关系。

这次发掘，出土陶仓楼、壶、绿釉陶壶、瓮、罐、奁、盆、灶、猪圈、井、榼、磨、耳杯、铁剑、五铢钱、货布、货泉等各类器物共计150多件（套）。陶器器物组合完整。其中，两座陶仓楼尤为珍贵。

四层通体彩绘陶仓楼通高112厘米，长66.5厘米，宽43厘米，由院落、仓体、楼体组成。墙中部开设横长方形大门，院落位于主楼之前，三面用墙围成，前门周围雕刻出凸起的门框及装饰图案，施以彩绘。门口下部设门槛和凸起的止扉石。门内置双扇门扉，可以开启闭合，门扉上绘制出铺首衔环图案。大门两侧上部檐下左右各出两个挑梁，梁上置一朵斗拱，斗拱上托墙帽，墙帽上置两面坡式的悬山顶。前墙两端转角处出墙柱，上置双阙。阙上置四柱顶，覆瓦垄，瓦条脊，顶下做成叠涩倒方锥形。墙柱上以朱彩绘制出斗拱图案，阙上绘制出龙纹图案。在大门两侧的前墙上绘制出托彩绘漆盘的男女侍俑图案，两侧的墙面上绘制出骏马图案。院内主楼前设有台阶式楼梯，通向二楼。门口的左侧放置一扛粮袋俑、一彩绘侍女俑；右侧俯卧一条看门犬、一舂米俑、一磨面俑。院落檐枋上及阙上、两侧檐和挑梁上均施以红彩、紫彩及白彩。院落的屋顶、双阙、门扉、楼梯均可拆卸。

主楼的第一层和第二层是仓体，连体结构，为一形制高大的长方体形，长方体的上部出挑梁，上置廊道，为一、二层分界线，两侧的山墙上以朱彩画出横线，以示一、二层楼的分界。廊道与地面之间有栏杆台阶式楼梯相连。仓体的前墙上绘制出两个男俑图案，右侧山墙的墙体一层绘制出一持杖急行图，图中人右手持杖，头戴发箍，顶挽发髻，长发披肩，外罩长袍，内着裙，左腿高抬，右腿急蹬，衣裙飘飞做急行状。上层绘制一“S”形云龙图案。左侧山墙的墙体上，上层绘制出一云龙图案，下层图案因被污染而无法辨认。仓体的背面未分楼层，通体绘制出一常青树，树枝在风中飞舞摇摆，树枝上或树枝间栖息或飞舞五只青鸟，树的右侧绘制出一条云龙，仓体的上部转角处，绘制出斗拱图案。第二层上覆四阿式屋顶。屋顶四角有四条斜脊，顶面平整，周绕凸棱，以承三层。第三层为横长方体，上部前后出檐，正面中间出挑梁，上置斗拱。斗拱上承托屋檐。左侧斗拱之间开一竖长方形门，门周边以朱彩绘制出门框。左侧斗拱之间开一方形窗户，三层下设长方形回廊，置于第二层的屋顶之上。回廊的正面雕刻出左右对称的直线纹、对顶三角纹等几何纹组成的图案。三层楼体两侧的山墙上绘制出常青树图案，背面绘制出云龙纹图案。第四层为横长方体，上部前后出檐，正面中间出挑梁，上置斗拱。两端转角处正面各出一挑梁，斗拱上承托屋檐。每踩斗拱之间各开一长方形大窗户，右侧窗户内端坐一彩绘陶俑，长脸，尖下颌，高鼻梁，阔嘴细眼，头戴黑色高冠，身着豆绿色交领袄，朱红色领口和袖口。窗户下为回廊，回廊的正面雕刻出左右对称的直线纹、对顶三角纹等几何纹组成的图案。四层楼体两侧的山墙上绘制出肩扛竹竿，竿挑竹篓的渔民打鱼归家图案。背面绘制一图：一猛虎，背披虎纹，腹布鳞甲，肩生双翅，怒目圆睁，前爪分别扑按着一女子的两手，正俯首大口噬咬女子头颅；该女子上身赤裸，下身着长裙，双腿蜷曲，半躺在地，似无力反抗状。

顶面上覆庑殿顶，正脊的中部立一单腿站立、仰脖张嘴向天长鸣的朱雀。

整座陶仓楼色彩艳丽，图像生动，其中四层背面的图案最为夸张恣肆，生动奇特。最初考古人员看到此图时并不理解：为什么一只猛虎会撕咬一弱女子？绘在这里有什么特殊的含义？经过查资料仔细研究，最终找到了答案：这就是虎吃女魃的典故。传说远古时代，自然灾害往往给人们以极大的威胁，尤其旱灾使赤地千里，颗粒不收，人们无法抗御便认为是有旱鬼作祟，于是便和女魃联系起来。女魃原是天女，协助黄帝打败蚩尤后，用尽解数而不能上天，她到哪里，哪里就久旱不雨，遂遭到人们的唾弃。《山海经·大荒北经》云："有係昆之山者，有共工之台，射者不敢北射。有人衣青衣，名曰黄帝女魃……蚩尤请风伯、雨师，纵大风雨。黄帝乃下天女曰魃，雨止，遂杀蚩尤，魃不得复上，所居不雨。"人们为了驱走致旱的女魃，便借助于虎。虎，被人们认为是驱逐邪祟的神物，《风俗通义》云："虎者阳物，百兽之长也，能执搏挫锐，噬食鬼魅。"张衡《东京赋》云："囚耕父于清泠。溺女魃于神潢。"《通典》注此文曰："耕父、女魃皆旱鬼。恶水，故囚溺于水中，使不能为害。"此图反映了当时人们期望旱灾远离，雨水充沛，庄稼丰收的朴素思想。

五层彩绘陶仓楼通高135厘米，长82厘米，宽55厘米，形制与四层通体彩绘陶仓楼完全相同，但多出一望楼和屋顶，高出一层。其彩绘图案较四层通体彩绘陶仓楼简单，无人物故事图案，仅有常青树和云龙纹等图案，背面仅在向下部仓体上绘制常青树图案。但五层彩绘陶仓楼仍不失彩绘陶仓楼中的精品。

焦作市是全国重点文物保护单位"山阳故城"所在地，"山阳故城"为汉代时期河内郡山阳县治所，所以焦作地区汉代文明发达，出土的陶仓楼无论从数量、造型还是规模上，在全国来说都是独树一帜的。这两座陶仓楼的完整出土无疑为焦作乃至全国出土陶仓楼增添了一道最为亮丽的风景线，进一步巩固了焦作作为珍贵文物陶仓楼主要出土地的文物大市的地位。尤其是四层通体彩绘陶仓楼，填补了全国无通体彩绘陶仓楼和无人物故事图案陶仓楼的空白，形象逼真的人物故事图案及绚丽多彩的图案装饰，为研究汉代服饰、生活习俗及汉代的建筑装饰艺术提供了重要的实物依据。同时，五层彩绘陶仓楼及陶器组合伴随大量王莽时期货币的出现，确定了墓葬的时代应为王莽新朝时期或东汉早期，五层彩绘陶仓楼和四层通体彩绘陶仓楼的时代应为王莽新朝时期或东汉早期，为汉代陶仓楼的分期研究提供了一个可靠的标尺。

这件精美的艺术品带给我们的是浓重

历史积淀下的艺术震撼和千百年来传统文化的又一次洗礼。

【附录】

焦作市文物保护单位统计表

一、全国重点文物保护单位

序号	名称	时代	位置	公布时间（年）
1	府城早商城址	早商	中站区府城街道办事处府城村西北	2001
2	朱载堉墓	明	沁阳市山王庄镇张坡村东	2001
3	天宁寺三圣塔	金	沁阳市城内	2001
4	妙乐寺塔	五代	武陟县阳城乡东张村西北	2001
5	嘉应观	清	武陟县嘉应观乡二铺营村东	2001
6	慈胜寺	元	温县番田镇大吴村	2001
7	当阳峪窑址	宋	修武县西村乡当阳峪村	2006
8	山阳故城	汉	焦作市新城街道办事处墙南村	2006
9	韩愈墓	唐	孟州市西虢镇韩庄村西北	2006
10	胜果寺塔	宋	修武县城内宋塔街	2006
11	百家岩寺塔	金	修武县七贤镇桑湾村北	2006
12	沁阳北大寺	清	沁阳市城内	2006
13	千佛阁	明	武陟县木城镇南大街北端	2006
14	青天河摩崖	南北朝至唐	博爱县丹河峡谷青天河景区北二空山上	2006
15	商村遗址	新石器	武陟县乔庙镇商村	2013
16	邗国故城	春秋	焦作市西万镇邗邰村	2013
17	西金城遗址	新石器、汉	博爱县金城乡西金城村	2013
18	徐堡古城址	新石器	温县武德镇徐堡村	2013
19	窄涧谷太平寺石窟	隋、唐、五代	沁阳市西北紫陵镇紫陵北四里沟	2013
20	显圣王庙大殿	元—清	孟州市会昌办事处堤北头村	2013
21	汉献帝禅陵	汉	修武县七贤镇古汉村南	2013
22	许衡墓	元	焦作市许衡街道办事处新李封村	2013
23	药王庙大殿	元	焦作市中星街道办事处李贵作村	2013

【续表】

序号	名称	时代	位置	公布时间（年）
24	寨卜昌村古建筑群	元、明	焦作市城乡一体化示范区苏家作乡寨卜昌村	2013
25	青龙宫	清	武陟县龙源镇万花村	2013
26	西关清真寺	清	博爱县清化镇街道办事处西关	2013
27	水南关清真寺阿文碑	元	沁阳市太行街道办事处水南关村	2013

二、省级文物保护单位

序号	名称	时代	位置	公布时间（年）
1	城寨遗址	新石器	焦作市演马街道办事处隤城寨村南	1963
2	崇义遗址	新石器	沁阳市崇义镇崇义村南	1963
3	肖寺遗址	新石器	沁阳市柏香镇垱坡村北	1963
4	西梁所遗址	新石器	温县温泉镇西梁所村北	1963
5	李固遗址	新石器	修武县五里源乡李固村北	1963
6	东石寺遗址	新石器	武陟县木城镇东石寺村西	1963
7	陀罗尼经幢	唐	沁阳市博物馆内	1963
8	赵庄遗址	新石器	武陟县大封镇赵庄南	1986
9	赵张弓遗址	新石器—商	待王镇赵张弓村西南	1986
10	义井遗址	新石器	孟州市西虢镇义井村	1986
11	北平皋遗址	新石器—商、周	温县赵堡镇北平皋村	1986
12	州城遗址	春秋	温县武德镇西张计村	1986
13	王薛民居	清	温县杨垒镇王薛村	1986
14	太平天国北伐军围攻怀庆府指挥部旧址	1853年	沁阳市北关村学校院内	1986
15	石佛滩摩崖造像	唐	博爱县城北太行山南麓	1986
16	汤帝庙大殿	元	博爱县孝敬乡东王贺村	1986
17	月山寺与塔林	明、清	博爱县太行山南麓	1986
18	耕织图石刻	清	博爱县博物馆内	1986
19	古羊肠坂道	汉—清	沁阳市常平乡常平村北	1986

【续表1】

序号	名称	时代	位置	公布时间（年）
20	张昺墓及祠	明	焦作市朱村乡北朱村	2000
21	曹谨墓	清	沁阳市沁园办事处南关村东部	2000
22	成汤庙大殿	元	博爱县柏山乡上屯村	2000
23	樊哙庙大殿	元	博爱县高庙乡北朱营村	2000
24	观音寺	元、明	博爱县张茹集乡白马沟村	2000
25	静应庙	元	沁阳市西万镇邘郃村西南	2000
26	药王庙木牌楼	清	沁阳市合作街药王庙内	2000
27	遇仙观	明、清	温县徐堡镇徐堡村	2000
28	一机部博爱“五.七”干校旧址	1957年	博爱县博爱农场	2000
29	人民胜利渠首	1952年	武陟县嘉应观乡秦厂村南	2006
30	英福公司旧址(含采煤矿业遗址)	1909～1924年	焦作市区	2006
31	大槐寺石刻	元、明	武陟县县城东南隅东马曲村	2006
32	玉帝庙（含祖师庙）	清	焦作市新城办事处恩村	2006
33	岳云宫大殿	元、明	孟州市南关	2006
34	圣佛寺	明、清	孟州市石庄乡小岩村	2006
35	观音堂	明、清	孟州市河阳办事处梧桐村	2006
36	神农山古建筑群	明、清	沁阳市紫陵村北神农山景区	2006
37	尧圣庙	明、清	沁阳市西向镇捏掌村	2006
38	龙王庙	清	沁阳市西万镇沙滩园村	2006
39	普济寺	明、清	武陟县乔庙乡千村	2006
40	吉祥寺	清	武陟县北郭乡东草亭村	2006
41	玉皇庙	清	武陟县南贾村	2006
42	安氏宗祠	清	武陟县城东小岩村	2006
43	海蟾宫大殿	明	修武县五里源乡马坊村	2006
44	大王庙	清	博爱县城九街	2006
45	郗城遗址	周	沁阳市柏香镇贺村西北	2006

【续表2】

序号	名称	时代	位置	公布时间（年）
46	河阳故城	周	孟州市槐树乡桑洼村	2006
47	浊鹿城遗址	汉	修武县东北五里源乡李固村南	2006
48	山涛墓	晋、明、清	武陟县大虹桥乡大虹桥村	2006
49	康定国公关关墓	元	温县西郊五里远村	2006
50	大盐店	1913年	沁阳市自治街中段	2008
51	宋学义故居	1947年	沁阳市王曲乡孔村	2008
52	北朱村民居	清	焦作市中站区北朱村	2008
53	司马故里旧址	汉、清	温县招贤乡上苑村	2008
54	北平皋原氏祠堂	清	温县赵堡镇北平皋村	2008
55	武陟岳家庙	清	武陟县大虹桥乡岳庄村	2008
56	崇宁寺罗汉殿	明	武陟县北郭乡高于会村	2008
57	玄帝庙大殿	明、清	孟州市化工镇东孟港村	2008
58	清真东大寺	清	博爱县尚庄镇大新庄村	2008
59	老君庙	清	博爱县金城乡东金城村	2008
60	田氏宗祠	清	沁阳市西万镇西万村	2008
61	天齐庙	元、清	焦作市马村区大逯村	2008
62	温城遗址	夏、三国	温县招贤乡上苑村	2008
63	怀城故城遗址	东周、汉	武陟县大虹桥乡土城村	2008
64	隰城遗址	东周	武陟县北郭乡城子村	2008
65	大司马遗址	新石器	武陟县西南大司马村	2008
66	六堆寓遗址	旧石器	博爱县寨豁乡六堆寓村	2008
67	野王故城	东周	沁阳市老城区	2008
68	靳德茂墓	元	焦作市中站区东王封村	2008
69	邓禹墓	汉	沁阳市王曲乡里村	2008
70	何瑭墓	明、清	武陟县詹店镇何营村	2008
71	石奋墓	汉	温县岳村乡杨庄村	2008
72	太行区第四专区及焦作市党政军机关旧址	1939年至1948年	焦作市中站区龙翔街道办事处十二会村	2016

【续表3】

序号	名称	时代	位置	公布时间（年）
73	府城村王氏祠堂	清	焦作市中站区府城街道办事处府城村	2016
74	老君庙戏楼	清	焦作市山阳区中星街道办事处桶张河村	2016
75	阳邑庙大殿	明、清	焦作市城乡一体化示范区阳庙镇政府院内	2016
76	沈鹿宿火神庙	清	焦作市城乡一体化示范区阳庙镇沈鹿宿村	2016
77	逯鲁曾墓	元	焦作市山阳区新城街道办事处恩村	2016
78	九渡寨	清	沁阳市常平乡九渡村	2016
79	万善汤帝庙	清	沁阳市山王庄镇万南村	2016
80	紫陵天爷庙	明、清	沁阳市紫陵镇紫陵村	2016
81	木楼遗址	新石器时代至周	沁阳市王召乡木楼村	2016
82	安乐寨村传统民居	清	温县招贤乡安乐寨村	2016
83	陈家沟村传统民居（含陈氏墓园建筑）	清	温县赵堡镇陈家沟村	2016
84	陆庄遗址	新石器时代	温县南张羌镇陆庄村	2016
85	陆庄汉墓群	汉	温县南张羌镇陆庄村	2016
86	中共博爱县工委旧址	1939年至1940年	博爱县寨豁乡黄塘村	2016
87	二仙庙村清真寺	清	博爱县磨头镇二仙庙村	2016
88	青莲寺	清	博爱县鸿昌街道办事处九街市场东街	2016
89	崔氏宗祠	清	博爱县磨头镇崔庄村	2016
90	天齐庙	明、清	博爱县金城乡史庄村	2016
91	南道村玉皇庙	元、明	博爱县许良镇南道村	2016
92	净影寺石塔及古碑刻	北魏至清	修武县西村乡影寺村	2016
93	圆融寺石刻	宋、明	修武县西村乡当阳峪村	2016
94	当阳峪南水北调中线工程搬迁古建筑群	清	修武县西村乡当阳峪村圆融寺景区	2016
95	一斗水村传统民居	清	修武县云台山镇一斗水村	2016
96	双庙村传统民居	明、清	修武县西村乡双庙村	2016

【续表4】

序号	名称	时代	位置	公布时间（年）
97	平顶窑村传统民居	明、清	修武县西村乡平顶窑村	2016
98	东岭后村传统民居	清	修武县云台山镇东岭后村	2016
99	五龙池及东岳庙遗址	唐、清	武陟县圪垱店乡圪垱店村	2016
100	三义庙	明、清	武陟县大封镇赵庄村	2016
101	荆氏宗祠	清	武陟县龙泉街道办事处荆辛庄村	2016
102	小南街观音寺	清	武陟县木城街道办事处小南街	2016
103	武陟山西会馆	清	武陟县木城街道办事处花店街	2016
104	邸郤遗址	新石器时代	武陟县乔庙乡邸郤村	2016

胜景掠影

——惊艳世界的焦作山水

焦作地处黄河之北、太行之南，山雄水秀，景色壮丽，地饶民富，文化灿烂，独特的山水景观和厚重的历史文化，造就了文化底蕴丰厚、多姿多彩的旅游资源。

焦作北部为太行山区，自古就有“太行秾秀，独此为冠”的美誉。在这里，以云台山为首的北部百里太行景区面积约占山区的1/6，而且具有“雄、秀、奇、险、幽”五大特征。在绵延130多千米的天然旅游区，云台山、青龙峡、峰林峡、青天河、月山、神农山、丹河峡谷等景区自东向西连成一线，整个景区由山岳、水系、植被等组成了一处完整的自然风景体系，其中云台山风景区“集泉瀑溪潭于一谷，融秀幽雄险为一体”。

焦作南部为黄河和沁河冲积平原，这里气候温暖，水系发达，土壤肥沃，非常适宜人类生存居住，早在石器时期我们的祖先就在这里刀耕火种，开创文明，神农祭天、帝尧巡猎、大禹治水等上古传说就发生于此。农耕时代，这里更是成为“天下粮仓”，多有帝王如刘邦、刘秀、李世民等据此成就一世伟业。军事家司马懿、大文豪韩愈、大诗人李商隐、“授时历”发明者之一许衡、“十二音律”创始人朱载堉等历史名人都诞生在这里。中国历史上的独特贤哲群体竹林七贤在百家岩活动长达20年之久，对中国古代的园林文化从宫廷走向大自然，起到了承前启后的作用。目前已发现名胜古迹、文物景点1000余处。

• 世界地质公园——云台山 •

如果说数十年前，云台山还是中国旅游风景区中的一个无名之辈，那么今天，云台山已经出落成了中国旅游风景区里的一个大家闺秀。一个世界级品牌和十多个“国”字招牌集于一身的荣誉可以使这个“大”字更有说服力。它以其独步天下的“云台地貌”奇观被联合国教科文组织命名为全球首批世界地质公园，同时又以其鬼斧神工的太行山水美景、奇妙无比的自然遗迹、独特完整的生态体系、精益求精的开发建设、规范一流的管理服务、横空出世的发展奇迹、异常火爆的人气指数先后荣获国家级风景名胜区、国家首批5A级旅游景区、国家水利风景名胜区、国家猕猴自然保护区、国家森林公园、国家自然遗产、国家地质公园、全国文明风景旅游区、中国旅游最具影响力景区、全国青少年科普教育基地、全国首批数字化景区、全国青年文明号等称号。这就像是一个平民少女一跃成为一个明星。有人也许会说外在原因太多，但谁又能否认它本身的丽质？

央视网

河南——焦作
云台山

那么究竟有哪些丽质可

云台山风景

以让它在众多山水美景之中脱颖而出呢？

首先，它以无与伦比的山水美景而叫绝。云台山地处巍巍太行山南麓，像一条青色的巨龙，盘踞在河南、山西两省交界，飞腾在中华母亲河黄河北滨。整个景区由山岳、水系、植被等组成了一处完整的自然风景体系。景区内群峰耸峙，云岚蔚蒸，异洞迂牵，深邃幽奥，台崖叠嶂，险径曲回，古木参天，青翠欲滴，飞瀑走泉，喷珠溅玉，静潭流溪，怪石嶙峋，青苔琪树，堆苍积翠。风景之美集泰岱之雄、华岳之险、峨眉之秀、黄山之奇、青城之幽于一身，兼具北方之雄浑、江南之灵秀。

其次，它以其神奇独特的地质遗迹而称奇。云台山在远古时代乃是一片汪洋，随着时间的流逝、地壳的变动，逐渐升起抬高形成平原。在几亿年前的造山运动时期（奥陶纪和震旦纪），地貌景观又发生了很大的变化。在燕山期，北部上升，形成高山，南部下降，形成平原；在喜马拉雅造山运动影响下，又使山区急剧上升，河流迅速下切，形成又深又陡的峡谷；其后地表、地下水沿裂隙对岩石进行溶蚀，再加上其他风化应力的影响，逐渐形成了如今的形态，也就是现在的“云台地貌”奇观。整个景区由极具代表性的地质遗迹组成，形成了一整套典型的地台形沉积，完整地保存了中元古代、古生代海洋环境，尤其是陆表海环境的遗迹，具有特殊的科学价值和美学价值。同时，特殊的地

云台山大瀑布

据中国园林学会专家测定，河南省焦作市修武县云台山瀑布落差310多米，是中国目前发现的落差最大的瀑布。瀑布上端如同朵朵白云，又如团团棉絮，悠悠飘落，连绵不绝。下端宛如飞花溅玉，纷纷扬扬，洒入墨绿色的水潭。急泻而下的瀑布，在水潭中溅起1米多高的水花，又化成一团水雾，把瀑布罩在蒙蒙的雾中。若遇多雨的季节气势更为磅礴，山洪暴发时，瀑布像脱缰之烈马，日夜奔腾，声震数里，近听如闷雷轰响，远听似古钟长鸣。

【知识链接】 **丹霞地貌**

丹霞地貌是发育于红色陆相砂砾岩地层中，由流水侵蚀、溶蚀，重力崩塌作用形成的赤壁丹崖，以及方山、石墙、石峰、石柱、嶂谷、石巷、岩穴等造型地貌，是红层地貌的一种类型。现今定义为“有陡崖的陆相红层地貌称为丹霞地貌”。

丹霞地貌，属于红层地貌，是一种水平构造地貌。它是指红色砂岩经长期风化剥离和流水侵蚀，形成孤立的山峰和陡峭的奇岩怪石，是巨厚红色砂、砾岩层中沿垂直节理发育的各种丹霞奇峰的总称。主要发育于侏罗纪至第三纪的水平或缓倾的红色地层中，这种地貌以粤北地区仁化县内的丹霞山最为典型，所以称为丹霞地貌。

理地貌也孕育了北方罕见的生态环境，使景区内生物资源极为丰富，区系成分复杂多样，保存了一大批古老特有的动植物种群。

再者，它以其源远流长的历史文化积淀而取胜。云台山景区人文景观丰富，特色鲜明，历史跨度大，始于殷商，盛于汉晋唐宋。早在东汉时期就有帝王及其皇室到此采风、避暑；魏晋时不少名士来此避难、隐居，特别是魏晋时期史称“竹林七贤”的嵇康、刘伶、向秀、山涛等七位名士曾隐居百家岩竹林二十余年，开创了辉煌灿烂、影响深远的中国山水园林文化，云台山也因此成为中国山水园林文化的发祥地。唐宋以后，云台山成了文人墨客游山玩水、谈诗论道的主要去处之一，山水田园诗人王维、“大历十才子”之一钱起、“唐宋八大家”之首韩愈等人都在此留有名篇和足迹。云台山作为儒、释、道景观并存的宗教名山，有许多古刹名寺、名流集聚地及碑刻等文物古迹，还有许多反映当地风土人情、寄托百姓爱憎情感的神奇美妙的民间故事和传说，构成了云台山人文景观的精华，形成了底蕴丰富的历史文化内涵。

想要更深入地了解云台山的魅丽，也许仅仅靠上面的归纳是不够的，所有美景都需要身临其境才能够体会。云台山的风景同样如此。如果想要在纸上身临其境，那么需要随文字一起进入云台山的一个个游览区。行走的次序是：红石峡（温盘峪）、泉瀑峡（老潭沟）、潭瀑峡（小寨沟）、万善寺、子房湖、茱萸峰、百家岩。

享有中华山水精品盛誉的九曲峡涧红石峡，又名温盘峪，是一个放大了的峡涧盆景，浓缩了的山水大千世界。这里悬崖陡峭，红岩绝壁，是我国北方地区少有的典型丹霞地貌景观。它以彤翠横立的伟魄、陡峭挺拔的雄姿，兼容北雄南秀之美，其丹崖碧岭、奇峰幽谷构成了独特的山岳景观。再加潭溪泉瀑的映衬，使其藏奇纳胜，具有雄伟、险峻、秀美、奇绝之特色，故被称为云台一宝。

该景区位于十八盘叠彩洞的第一号洞即迎宾洞北。它以“三奇”著称于世。其一，奇在小中见大。它南北长2 000米，东西宽30多米，最窄处仅有数米，集泉、瀑、溪、潭、峻峰、怪石等景观于一涧，融奇、雄、险、秀、幽、奥诸美色于一峡，把大自然的阳刚之气和阴柔之美珠联璧合在一起，将山川精华荟萃于尺寸之中。其二，奇在深藏于地下。峡谷深达68米。其山，为高山下的高山；其水，为水平面下的美水。千种美景和万般风情，均潜伏于道路地面之下。其三，奇在四季如春。峪中炎夏凉爽宜人，寒冬青草不枯。

泉瀑峡又名老潭沟，位于云台山西北隅，是一处以华夏第一瀑为标志，以深潭幽溪为特色的深谷，全长3 000米。沟里由美妙的岩石构成沟壁和沟底，其间多有泉水涌出，汇入老龙溪，流入子房河和子房湖。其主要特点是“一长两高”，“一长”指这条山谷较长，“两高”指谷尽端的天瀑落差较大，谷口的宝塔峰高入天际。这个峡谷形成于距今5.45亿至4.95亿年的寒武纪时期，当时的云台山地区在广阔的浅海环境下，沉积了厚达500米的白云岩、灰岩、砂岩、泥岩地层，后经多次地壳运动，演变为陆地。此后历经2 300多万年的流水侵蚀、搬运、重力崩塌，使海拔800米至1 200米的古夷平面局部强烈下切，形成了这条长3 000米、深400米的峡谷。这里有鲕粒灰岩、羽状交错层理等遗迹。

潭瀑峡（小寨沟）地处云台山北部略偏西，是子房河的源头之一，峡长2 000米，南北走向。它本名小寨沟，因传说隋末一支农民起义军曾在此安营扎寨，故称小寨沟。这里三步一泉，五步一潭，十步一瀑，呈现出千变万化的飞瀑、走泉、彩潭和山石景观，故又得雅称潭瀑峡。由于北部丰富的地表水和地下水的大量补给及峡谷内灰岩、白云岩发育节理裂隙，使这里崖高谷深，密布瀑、泉、溪、潭，其水体的种类之多、组合之妙、造型之美，在北方极为罕见。

万善寺坐北朝南，北靠围屏山，又因其位于岸上乡沟坡村，俗称沟坡寺。此寺始创于明洪武年间，原有山门、中佛殿、大佛殿、僧舍等古代建筑群。寺前有明代嘉靖六年（1527）的望亲台，寺东有传临济正宗二十四祖无瑕禅师石塔，寺南有传临济正宗三十七、三十八世禅师墓碑两通。万善寺地处群山环抱之中，山清水秀，环境清幽，为佛教子弟修行圣地。

子房湖又名马鞍石水库，湖面东西宽200米，南北长4 000米，平均水深50米，中涵1500亩浩渺碧波，被誉为高峡平湖景观。作为新湖泊景观，湖水平静时，湖面宛如美女的晨妆明镜；微风乍起，吹起一水涟漪；阳光灿烂照射湖面时，波光潋滟，闪金耀银；早晨日出时或黄昏日落前，湖面的东西两部分，阴一半阳一半，阴则碧绿透明犹如镂玉，阳则金光闪烁灿若铺金；云雾缭绕时，青山绿水格外神奇；狂风刮起时，浪涛汹涌澎湃，卷起千堆雪。时有白天鹅和鸳鸯等珍禽游戏其间，2003年又在这里发现了水中“国宝”桃花水母。

茱萸峰是云台山的主峰，因古时候这里遍生芳香植物茱萸而得名。又因主峰峰顶形似一口巨锅，兀覆在群峰之上，故在唐宋以前被称为覆釜山。茱萸峰海拔1308米，云蒸雾腾之时，那忽聚忽散的云雾，把山峰衬托得更加高峻雄伟，主峰秀出云雾之上，犹如天宫瑶台；每当万里晴空，

云台山风景

俯瞰群山，峰峦叠嶂，别具特色。在入口处有一处汉白玉栏杆包周的一尊雕塑，这就是唐代大诗人王维的雕像。据传，王维曾在此写下了“独在异乡为异客，每逢佳节倍思亲。遥知兄弟登高处，遍插茱萸少一人”的千古绝句，将千百年来游子心中最无法变更的思乡之情表达得淋漓尽致。沿左边山路可到达茱萸峰顶，茱萸峰景区原始生态环境保存完好，动植物资源亦十分丰富，森林覆盖率在93%以上。跨入林间山道，翠柏、橡栗、黄栌、红枫、核桃、山楂、山榆、柿树等乔木满山皆是，遮天蔽日。至于茱萸、连翘、绣线菊、杜鹃、山枣、野葡萄等灌木药材更是杂陈林间。

百家岩位于云台山东南部。这里自然风光秀丽：东有白鹿山，西有覆釜山，远望双峰景插云，对壁争峻，缺处状若天门。其下一色赭岩，参差嵯峨，刀削一般的绝壁欲将仙俗两分。王烈泉、明月泉从岩东侧石缝涓涓流下，汇成一泓清潭。更有号称“北国龙湫”的天门瀑布从天门谷口轰然飞落，气势雄伟，蔚为壮观。这里人文景观集中，历史文化内涵丰富，有汉

百家岩

献帝避暑台、二乐台、孙登啸台、百家岩寺、孝女塔等景点，自古就是帝王将相、文人墨客游览凭吊的去处。更主要的是，经过考证，魏晋时期的“竹林七贤”领袖嵇康曾在此寓居长达20年之久，至今尚有嵇山、竹林、淬剑池、醒酒台等遗迹。

这一个个景点就像一个个美妙音符，组成一部部乐章，最后又汇成了一首云台交响。这交响乐是如此美妙动人、气势恢宏，以至于联合国教科文组织地学部主任、国际权威地学专家伊德博士如此称赞道：“我不得不承认，云台山是一个独一无二、不可比拟的地质公园。它给我的印象是一部乐章，是一首贝多芬的交响乐，是一首最美妙的山水交响乐。”

• 豫北之脊——神农山 •

如果说焦作山水中，云台山展示更多的是南国山水的秀气灵动，神农山则更多地彰显了北国山脉的雄浑与阳刚。神农山位于焦作市沁阳市城区西北23千米的太行山麓，主峰紫金顶海拔1 028米，矗立中天，气势雄浑，三大天门比泰山早154年。相传这里曾是炎帝神农辨百谷、尝百草、登坛祭天的圣地，也是道教创始人老子筑炉炼丹、成道仙升之所。古往今来，优美的自然风光吸引了不少帝王将相、文人墨客到此游览，唐明皇李隆基、“唐宋八大家”之首韩愈、晚唐著名诗人李商隐等名家曾在此留下许多传世佳作。这里有雄奇险峻的紫金坛，更有天下一绝的白松岭，15 600余株白鹤松姿态万千地生于悬崖

太行山

神农山白松岭

绝壁之上，长在绝峰之巅。神农山一年四季景色不同：春赏桃花烂漫，夏看流泉飞瀑，秋观满山红叶，冬览冰霜玉龙。游走其间，移步换景，恍若人间仙境，令人魄悸魂动，陡然升华。其山势之雄险奇绝、树形之屈曲优美、景层之深奥神秀，当属全国之最。

神农山景区最著名的景点为紫金顶和白松岭。紫金顶又俗称“北顶”，是神农山的主峰，海拔1028米，傲立群山之巅，巍峨挺拔，直插云霄，号称“中天玉柱”。紫金顶顶部为1000平方米的平台，四周为悬崖峭壁，悬崖上生长着古老的白松，实为登峰造极之所在。相传太上老君曾在此筑炉炼丹。峰顶常年紫气环绕，金光流溢，与南顶武当并誉海内外。紫金顶上还有一个长、宽、深约1米的石坑，相传是伏羲氏卧听风声、悟画八卦之处，名叫“八卦坑”。站在紫金顶上俯视东南方向，山下群峰参拱，谷壑纵横，“山中有谷、谷中有山”的奇特景致一览无余，太行山脉的蔚然大气尽收眼底，使人颇有“山登绝顶我为峰”“会当凌绝顶，一览众山小”之感，更有一种指点江山、激扬文字、号令天下的豪迈气概。再向西方极目远眺，群山连绵起伏，云雾霭霭，特别是傍晚时分，红霞满天，夕阳当歌，让人疑是海外仙山。紫金顶上有祖师殿、太极殿和三清殿等道教建筑：祖师殿是为祭拜道教开山祖师张道陵而建，太极殿为祭祀道教鼻祖老子而建，三清殿为祭祀三清老君而建。据载，这组建筑群距今已有数百年的历史。鼎盛时期，其总面积达1000平方米，琉瓦飞檐，气势恢宏，整日香烟缭绕，善男信女络绎不绝。

白松岭因岭上的珍稀树种白鹤松而得名，为国家级自然保护区，有五绝之誉。白松岭气势磅礴，地质结构多样，物种丰富，在全国名山大川和各个景区是绝无仅有的，是为岭绝。白松岭上的白皮松千姿百态，形态各异，可谓珍稀名贵，风华绝代，是为松绝。白松岭的形成来自一次山崩地裂的造山运动。整道山岭上都是一块块的危岩垒石，既像是人工堆砌的山岭，又像是天然的长城，岭上的石头开满一丛丛、一簇簇的野花，如织如绣，如梦如幻，是为石绝。白松岭上本无路，所谓的路径只是山岭之巅的危岩，顺岭而行，两边是刀劈斧削的悬崖绝壁和深不可测的幽谷险壑，原来只是飞禽走兽才可以出没的地方，景区开发时才开辟路径，并增设了护栏，可谓“山本无路岩作径，人若有胆崖上行”，是为路绝。走在白松岭上，险象环生，一步一景，一松一景，一石一景，既令人因险而畏、望而却步，又使人因景而喜，叹为观止，此乃神农山风光绝佳之处，是为景绝。

• 生态之谷——青龙峡 •

青龙峡位于修武县西北部，总面积108平方千米，东邻云台山，南界焦作市郊区，北、西两面与山西省接壤。主峰海拔1 200多米，谷底海拔500多米，相对高差达700多米。峡谷长约7 500米，自然景观资源丰富，有泉、瀑、潭、溪、湖，有古树名木和溶洞，有种类较多的野生动物等。这里植被好，海拔高，山西高原吹来的凉风多，因此常年气温比城市中心温度低，夏季十分凉爽。环境优美，充满自然气息，是避酷暑、观溶洞、赏峡谷和看日出的理想去处。

青龙峡平均森林覆盖率在80%以上，核心景区被近乎郁闭的森林所覆盖。峡中共有色叶树10余种，蕴藏量占植被总覆盖率的30%。春季桃红柳绿，山花竞放，以

青龙峡红叶

连翘、桃花、山梨花为主，景观可连续一个月；夏季浓荫覆地，蝉鸣林幽；秋季霜叶满枝，如火如荼；冬季积雪如银，玉树琼花。尤其是每年秋季，层林尽染，万山红遍，各种红叶树竞相争妍，把秀美的山谷和雄壮的山峰打扮得五彩缤纷、绚丽多姿，可媲美北京香山红叶景观。2002年10月，焦作市在青龙峡举办了首届红叶节，从此秋观红叶成为游客到青龙峡游玩观赏的重要活动内容。青龙峡主要红叶树种有黄栌、五角枫、栎树（橡树）、黄楝树、柿树、槭树等。青龙峡古树名木众多，最著名的当属千年果榉林。在海拔1 100米的青龙峡游览区内陪嫁妆村口，有31棵大果榉古树，其中最大者胸围4.5米，树高16.6米，冠幅16.2米，一般胸围都在1.5米以上。据专家测算，这片树林已逾千年。大果榉，又名小叶榆、黄榆、抱榆，当地百姓俗称榔榆，属榆科榉属植物，落叶乔木，山地野生树种，多发育于石灰岩地钙质土壤层上，生长缓慢，寿命长。此树种树体高大，冠大荫浓。树冠扁球形，树皮灰黑色，小枝常有两条规则的木栓翅，叶倒卵形或椭圆形，有重锯齿，质地粗厚，有短硬毛，翅果大，具红褐色长毛。喜光，耐寒、耐旱、耐瘠薄，根系发达，萌蘖性强。叶色在深秋变为红褐色，可补缀青龙峡景区红叶景观。

• 山水之峡——峰林峡 •

峰林峡位于修武县西北部，面积50平方千米，是一处兼有南北山水特色的山岳型峡谷。峰林峡内河流、湖泊深秀，高山、峡谷险峻，悬崖、溶洞遍布，奇峰、怪石林立。主要山水景观有小孤山、天然毛主席像、大坝、老君滩、葫芦岛、天王岩、睡美人、三潭映月等，可谓“群英荟萃”。历史人文景观主要集中在淹井河和平顶窑村，有九寨关、观音堂、佛岩寺、兴龙寺、孙真庙、佛岩之铭石刻、壁画洞等。峰林峡四季分明，春季花红柳绿，松柏凝翠，观之赏心悦目；夏季浓荫覆地，蝉鸣林幽，游之爽心惬意；秋季红叶满挂，秋实累累，赏之蔚心自得；冬季银装素裹，玉树琼花，览之醉心抒怀。

峰林峡最壮观的景观当属峰林峡大坝，它高耸于净影峡大峡谷中，横断净影河。汛期洪水爆满时，洪水从坝顶飞流而

峰林峡

下，落入100多米深的谷底，形成气势磅礴的瀑布景观。每逢此时，飞瀑如银龙疾下，颇有“殷雷鸣空谷、天河落九霄”之势。在万道阳光直射下，飘落的水珠折射出五彩斑斓的彩虹，似长龙卧波，神奇壮观。

在峰林峡东南，有一个叫淹井河的小自然村，村子在一个峡谷之中，峡谷东西长约3千米，两岸植被繁茂，山势险峻，奇峰怪石林立，风景秀丽。这里人文景观密集，有开凿于隋初的佛岩之铭及建于当时的佛岩寺，有和“赵匡胤下燕京”传说相关联的兴龙寺和淹井河古井，还有不知绘于何时的壁画洞等。

• 青天河风景名胜区 •

青天河有“北方三峡”之称，位于太行山南麓史称“太行山下小江南”的博爱县境内，面积45.2平方千米，呈长方形带状，南濒黄河，北近山西省，东邻焦作市，集雄、险、奇、秀、幽于一体。

青天河风景区由天井关、大泉湖、植物园等108个景点组成。天井关是历史上著名的古战场和晋豫交通要塞，有一夫当关、万夫莫开之险，史称“太行八险”之一，曹操北上壶关伐高干曾路经此地，写

青天河大泉湖

下著名诗篇《苦寒行》。大泉湖长7.5千米，湖水主要来源于三姑泉，水质清澈甘甜，水面碧波荡漾，两岸青山阔翠流秀，林石千姿百态，湖内荡舟行船，如进三峡，似游漓江。植物园面积辽阔，绿草如茵，至植物园，既可涉山涧吊桥之险，又可赏百鸟林中的各种珍禽和猴园中的群猴嬉戏，充分领略山水间如画的风光，享受回归大自然的浪漫温馨。

• 太极之乡——陈家沟 •

陈家沟，是中华太极拳发祥地，位于焦作市温县城东5千米处的清风岭中段。这是一个普通的村庄，全村600户人家2500多口人，散居在沟沟壑壑之间，日出而作，日落而息，过着舒适宁静的田园生活。同时这也是一个闻名世界的村庄。在国外，许多人可能不知道中国有个温县，甚至不知道有个河南省，却知道有个陈家沟。如今，太极拳已经在全世界传播开来，陈家沟也更加声名远扬。

这是一个藏龙卧虎的地方。村里上至八旬老翁，下至几岁孩童，几乎人人会打太极拳。自明末清初陈家沟陈氏九世祖陈王廷创编了太极拳以来，陈家沟代代相

陈家沟

央视网

陈正雷：太极拳属于全人类

传，代代出名手，傲然屹立于中华武术之林。中华人民共和国成立后，尤其是改革开放后，欣逢盛世，太极拳“老树逢春更著花”，陈家沟强手如云。陈小旺、陈正雷、王西安、朱天才被武林同道誉为“四大金刚”，蜚声海内外。更有一大批俊彦新秀，已在国内外大赛和太极文化交流活动中崭露头角，可谓“世代人才出不尽，纪元新辟有强弓”。

从1992年开始，这里已先后成功举办了多届太极拳年会，使太极拳风靡世界，享誉中外，吸引了国内外宾客上万余人前来参观、习艺。

2007年，中国民间文艺家协会和中国武术协会先后将温县命名为“太极拳发源地”和“中国武术太极拳发源地”。

2009年8月21日，我国首家以非物质文化遗产为主题的博物馆——中国太极拳博物馆在温县陈家沟建成开馆，该馆建筑面积近5 000平方米，坐北朝南，呈八边形，寓意太极衍生八卦，融通八方。目前馆内拥有太极拳相关文物资料近万件，有太极拳主要流派名人名家的传承谱系。博物馆分两仪堂、四象堂、文修堂、三省堂四部分，集中展示了太极拳的基础文化、拳史、拳理、拳法，系统阐述了太极拳的起源、衍变和发展。整个博物馆广泛采用国内较先进的声、光、电技术，以丰富的文字资料和影视资料向广大游客展示太极文化。

• 万里黄河第一观——嘉应观 •

嘉应观，俗称庙宫，实为淮、黄诸河龙王庙。位于武陟县城东南13千米处的二铺营村东，与邙山隔河相望。嘉应观始建于清雍正元年（1723）。据《武陟县志》记载："嘉应观在二铺营村东，雍正初年，以黄河安澜，奉敕建，规模壮丽，有铜牌刻。"康熙末年，黄河四次在武陟境内决口。雍正元年，又决马营口，洪水逼京，淹天津，成为清王朝心腹之患。为治黄安民，雍正皇帝派河道总督率兵堵口、修坝，亲临河防搬石。为祭祀龙王，封赏治河功臣，口堵坝成时，雍正皇帝特下诏，敕建嘉应观。命河臣齐苏勒，仿故宫，派御匠，调河南、山东、山西、陕西、安徽五省民工，大兴土木，历时四载，建成了这座规模宏大、纯满族风格的官式建筑群。

嘉应观为仿故宫敕建的观、庙、衙三体合一的清代建筑群。嘉应观的建筑艺术，集古代官式建筑艺术之大成，规格之高，规模之大，保存之完整，为黄河第一庙。观内供奉的河神均为彪炳史志的历代治河功臣，蕴涵了中华几千年治河经验，是中华民族治理黄河的博物馆。著名文物专家罗哲文、谢辰生1999年12月在考察时给予很高的评价，分别题词"治河丰碑，

嘉应观

文物瑰宝”“治河先贤，功在千秋”。

1963年4月，嘉应观被河南省人民委员会确定为省级文物保护单位。2001年6月，又被国务院确定为全国重点文物保护单位。

名品荟萃

——琳琅满目的物质风情

古代焦作地区的民间工艺和民间艺术十分繁荣，制陶、编织和工艺美术都达到相当高的水平。其中，当阳峪瓷器和盆窑黑陶工艺技术和制作规模至唐宋时期达顶峰。中国四大名砚之一的澄泥砚，既是著名的文房四宝之一，又是具有观赏价值的艺术珍品，远在唐宋时期就成为贡品。有“清化竹器”之称的竹器加工业，不但历史悠久，而且工艺精细，颇受顾客欢迎。

焦作还有许多土特产和地方风味。历史上，焦作地区的商业和传统饮食业十分发达，曾经有很多流传千年的地方特产，且享誉海外。这里有享誉海内外的四大怀药，雍正皇帝称赞为“怀庆油茶润如酥，山珍海味难比美”的武陟油茶，乾隆皇帝曾盛赞过的董记闹汤驴肉，有近千年历史的海蟾宫松花蛋，还有独具特色的孟州浑浆凉粉、怀庆三辣、延陵大葱、七贤澄沙糕等。近些年来，随着对外开放的扩大和旅游事业的发展，焦作地区的土特名产和传统饮食业又得到了进一步发展。

当阳峪瓷器

当阳峪瓷器以当阳峪瓷窑所产瓷器为主，涵盖周围大小30多个古瓷窑生产的瓷器，范围大约700平方千米。其绞胎工艺最早产生于唐代，至宋代蓬勃发展，元以后逐渐消失，有400余年历史，在中国陶瓷史上占有重要的地位。

当阳峪瓷窑位于太行山南麓，距焦作市区仅3.5千米，其地有着丰富的高岭土资源，是烧制瓷器的理想之地。《大明一统志》记载："怀庆府土产瓷，河内、修武两县出，有窑。"现遗址东西长约2千米，南北宽约1千米，是河南地区规模较大的窑场之一。其瓷器产品分两大类：一类为一般日常生活用品，主要是釉下施化妆土的碗盘之类；另一类是经过艺术加工的高级商品和皇室贡品，主要有细白瓷和白釉釉下彩绘划花装饰瓷、剔花装饰瓷、绞胎装饰瓷三种。其器形以碗数量最多。

当阳峪绞胎瓷瓷片

当阳峪窑的釉彩主体为高温颜色釉。当阳峪瓷器品种中，高温颜色釉不仅为大的类别，也是最能体现当阳峪窑制瓷水平和经营思路的精华部分。在高温颜色釉的制瓷理念中，当阳峪瓷器放弃了刻、剔、划、印、塑等传统胎体装饰手法，以优美夸张、富于变化的形体曲线和造型艺术见长。形与色的完美结合，体现了当阳峪制瓷工匠的审美情趣和文化理念及所具有的创新和开放精神。当阳峪的釉色光润鲜亮，以白釉为主，酱色次之；釉彩主要分14类，其施釉水平之高，使其获得了"当阳铜药真奇器，铜色如朱白如玉"的赞誉。

当阳峪陶瓷装饰风格多姿多彩，技法精细而且富于变化，计有绘花、划花、刻花、剔花、印花、贴花、锥刺、填彩、镂孔、绞胎10类，最著名的为绞胎、釉下彩绘划花和剔花三种。绞胎瓷，又称透花瓷，从瓷器残片可以看出，内、中、外纹理一致，是把几种彩泥铺叠起来，巧妙地绞揉在一起烧制而成。胎质分细洁的白胎、坚硬的灰胎、较粗松的砂胎和缸瓦胎几类。其装饰风格有白瓷、白地釉下黑褐彩、白瓷剔刻划印、白瓷剔花填彩、黑釉立线装饰、白瓷贴花和堆塑、绞胎绞彩、低温三彩和孔雀蓝釉、红绿彩绘等，都给人以清新、自然、亲切、和谐与奔放的审美享受。

绞胎工艺是当阳峪窑系具有特殊风格的成功之作。绞胎瓷是当阳峪瓷器的代表之作。

当阳峪窑系的白釉釉下彩绘划花工艺和剔花工艺一向被视为当阳峪窑的最高水平和代表作品。这两种工艺的瓷器，用画花、划花、刻填和剔花的技法或几种工艺互相间作的技法制成生动活泼具有浓厚民间生活气息的图案，达到布局合理、色泽柔和、线条流畅的艺术效果。以当阳峪窑为代表的当阳峪窑群所创造出的陶瓷辉煌，不仅是焦作文化史上的一笔浓墨重彩，更是我国悠久灿烂的陶瓷文化长卷上光彩夺目的一页。

当阳峪陶瓷的纹饰种类极其丰富。材质、器形、装饰内容三者的完美结合，显示出那个时代人们的审美情趣和社会生活形态。不仅有龙纹、鹤纹、凤纹，还有其他动物类纹饰。不仅有牡丹、莲花等花卉类纹饰，还有大量的文字类纹饰：表示精神追求的，如“清净道德”“道”“莲”“佛”“天”“家国永安”“天下太平”等；表示生活情趣的，如“日出唱歌去”“风花雪月”“掬水月在手，弄花香满衣”“山水”等；表示处世心态的，如“俭”“忍”“和合”。

【知识链接】 **绞胎瓷**

古代陶瓷品种，始创于唐代，是唐瓷的一项新创造，同时期还有秘色瓷、彩绘瓷、花釉瓷等。

绞胎瓷是采用黑胎土和白胎土混合在一起制胎，拉坯成型，目的是塑造出像木头纹理一样的效果，上釉后烧造成绞胎瓷。由于两种胎体烧造条件不同，对工艺的要求很高，装饰效果犹如犀皮漆器一般。

黄河澄泥砚

澄泥砚，以沉淀千年的黄河渍泥为原料，经特殊的烧炼工艺制作而成，故近代又称"黄河澄泥砚"，是我国历史上四大名砚之一，与端砚、歙砚、洮砚齐名。其质坚而腻，经久耐磨，观若碧玉，抚如童肌，贮水不涸，历寒不冰，唐宋皆为贡品，备受历代文人雅士青睐。

唐宋以后，由于石砚兴起，黄河澄泥砚逐渐失传。清光绪三年（1877），孟州人李天为根据家传研磨眼药用陶钵碗的制作方法及家传澄泥砚的纹理构造，采选黄河泥土认真揣摩、过滤、沉淀、调配涂料，通过多次试验，反复烧制，做成与古澄泥砚质地接近的砚台。此后，又经李德让、李留照、李伟三代人的不懈努力，使黄河澄泥砚的制作工艺日臻完美，保持了古澄泥砚古朴典雅、雍容华贵、温润细腻、含津如墨的特点。

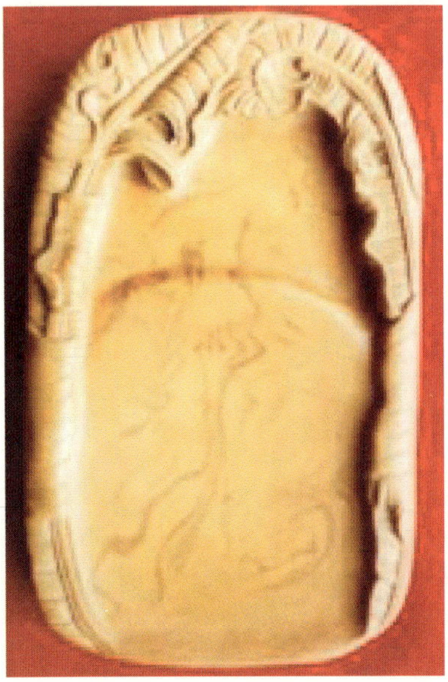

黄河澄泥砚之蕉叶砚

黄河澄泥砚的制作工艺极其讲究，技术含量很高，其主要制作流程为：选泥、采泥、和泥、滤泥、澄泥、调配原料、练泥、制粗坯、造型雕塑、细雕刻、阴干砚坯、烘烤、打磨、入窑烧烤、出窑、药物熏蒸、打磨抛光等20多道工序。黄河澄泥砚的第四代传人李伟现为河南省民间工艺美术大师，其代表作品有：犀牛望月、太白醉酒、枯竹砚、荷塘情趣、太极神韵、弥勒献宝、富贵吉祥、凤凰牡丹、国色天香、韩愈系列、中华瑞龙系列等。黄河澄泥砚浸含着黄河文明的滋养，再现了古代文房瑰宝的独特魅力和文化内涵，具有较高的历史价值、文化价值、实用价值和艺术价值。

• 盆窑黑陶 •

我国陶文化历史久远，史书记载：“神农作瓦曰陶。”龙山文化时期，已烧制出红、灰、黑、白各色陶器，尤以黑陶为最。被史学家称为“原始文化中的瑰宝”的盆窑黑陶即产生于这个时期，它与山东省日照黑陶、陕西省秦源黑陶、河北省馆陶黑陶并称为中国四大黑陶。

盆窑黑陶

盆窑位于沁阳市山王庄镇盆窑村，其黑陶艺术源远流长。盆窑黑陶以胎薄、形准、底平、身正、口圆、色好、样新取胜。其工艺流程也非常复杂，主要有选土、塌泥、入窖、盘泥、分墼、捏胎、整形、装饰、装窑点火等九道，且缺一不可。其中，尤以装窑点火最为讲究，“上传加火，下传加温”；烧柴也很讲究，黑、红、蓝、白、灰，要啥色烧啥柴；陶器的颜色除和装窑、烧柴有关，还和闭窑停火的方法、时间有关。武则天时期，其黑陶艺术达到极盛，瓦盆、香案、供具被列为贡品，史称御封陶器。明代时，大炉鼎、坐鼓、鼓瓶、花盆、鱼缸、寿缸、青狮、白象、福鹿、孔雀等备受宫廷喜爱。清光绪年间，陶制品增加了带盖的盖瓮、蒸馍盒、花鱼盆等新陶器。民国时期，研制的牺形墩、妇庚卣、已亥鼎、象鼻鼎、鱼纹癸壶，曾参加美国旧金山万国商品赛会展出。由于颜色乌亮，深受人们喜爱，产品远销山西、陕西、河北等地。

• 丹沁竹林与清化竹器 •

丹沁竹林是目前我国黄河流域以北地区人工栽培竹林面积最大、品种资源最多的地区，主要分布在太行山麓以南，丹沁平原的西北部，即丹河两岸的许良、上庄、磨头乡，以及金城、界沟、高庙、柏山等乡。“村村门外水，处处竹为家”就是对竹乡美景的真实写照。

丹沁竹林历史悠久，早在春秋战国时期，丹沁两岸已有繁茂竹林。三国时期，嵇康等七人因徜徉丹沁竹林而与竹结缘，遂有“竹林七贤”之名。唐、元两代，在怀州河内县（今沁阳）置司竹监，负责竹林的相关事务。北宋时期，置“竹园”。明清时期，许良村多水竹，最称清幽，有“竹坞”之称。河内的竹林和竹笋是著名土产，竹子曾为“贡竹”。

“清化竹器”也称“清化竹货”，是博爱竹农以竹子为原料加工而成的竹器，其生产历史悠久，制作工艺高。博爱的许良、月山、磨头3个乡的30多个村盛产竹器品种200多个，行销山东、山西、陕西、内蒙古等地，有的曾列入贡品，供宫廷使用。在民间流传有这样的民谣：“许良竹椅、泗沟篦，牛磨门帘、南道篮，辛庄篓、中道耙，下水磨竹筷儿，冯竹园竹篮儿。清化竹货名远扬。”如许良竹椅是选用三年以上的老竹制成，将竹子伐后洗净，撒上泥斑，用火熏出各种花纹，然后制成各种竹椅。其生产的圆圈椅、躺椅、沙发椅、藤椅、摇椅等，由于竹质好、合口紧、面附清漆、耐用，又有各种花纹图案，显得精巧美观。泗沟篦历史悠久，有木档、骨档两类，分大木档、二木档、白松梁、大骨档等十多种。其有下水不脱、见热不散、梳发光滑、篦齿柔而不脆等四大特点，以及梳发利、不折齿、不劈齿、

博爱竹器加工

博爱县许良镇岳氏竹器加工厂，返乡农民工尚保红在对竹编产品进行彩绘。

不断梁等四大好处。牛磨门帘主要有青帘、黄篾帘和彩帘三种。其中，彩帘为上等门帘，制作精致，清朝时为贡品。南道篮有长、圆、方、椭圆等形状，其多用甜竹、�竹破篾制成。不仅式样新颖，而且工艺精致，柔软不变形，结实耐用。

• 四大怀药 •

四大怀药指的是盛产于河南焦作市所属各县的地黄、牛膝、山药、菊花四种养生保健植物的总称。明清时期，这些地方归河南怀庆府管辖，并且所产的药材最为地道，故以“怀”命名之。四大怀药不但在焦作地区具有悠久的种植历史，而且还有独特的养生保健功能和深厚的养生文化底蕴。

怀山药药食兼用，有2 000年栽培历史，自明清以后，分菜山药、药山药、铁棍山药三个品种。铁棍山药分白皮、青皮两种，性坚实，含水分少，粉质高，色白，味甜，久煮不散，味道甘美，多入药，称为怀参，并以煎煮不败的特性闻名中外，俗称“鸡骨山药”。铁棍山药产于沁阳市山王庄镇大郎寨村者，称为“郎山药”。郎山药断面呈菊花心状，落地如铁棍之声，故名铁棍山药。国内外客商称怀山药为“怀参”“补肾王”，与长白山人参齐名。现代科学分析，山药具有滋阴补肾、健胃化痰、补中益气、祛冷风、镇心神、安魂魄、长肌髓等功效，生山药也常用于手足冻疮、痰喘、尿频等，是中药方剂中常用补药之一。

怀牛膝以沁阳北金村所产质量最佳。现代科学分析，怀牛膝含有大量的生物碱，可以补肝益肾、强壮筋骨、通经络、散恶血。临床常用于治疗寒湿、腰膝骨疼、腰膝酸软、四肢拘挛、经血不调、产后瘀血腹疼、血淋、跌打损伤及屈膝碍等症，是中药方剂常用通络活血药物之一。

怀地黄，又名怀生地，有3 000年的人工种植史。怀地黄分鲜地黄、生地黄、熟地黄三种，性味各异。鲜地黄晒干、焙干叫生地，再经复蒸复晒叫熟地。鲜地黄清热生津，凉血止血，用于热病伤阴、舌绛烦渴、发斑发疹、吐血、衄血、咽喉肿痛；生地黄清热凉血，养阴生津，用于热病舌绛烦渴、服虚内热、骨蒸劳热、内热消渴、发斑发疹；熟地黄滋阴补血，益精填髓，用于肝肾阴虚、腰膝酸软、骨蒸潮热、盗汗遗精、内热消渴、血虚萎黄、心悸怔忡、月经不调、崩漏下血、眩晕、耳鸣、须发早白等，是人们常用的治病养生、滋补保健中药之一。

怀菊花，味苦、微甘，性寒，无毒，可升可降，药用花须部分，有散风解热除烦、明目、祛翳膜止头痛之功能。临床常用于伤风感冒、目赤头痛、头晕、脑骨痛、目不清、痛风症等，是中药方剂中常用清热药物之一。唐宋以后，怀菊被列为贡品，以沁阳皇甫村所产为佳。

• 武陟油茶 •

中华传统饮食文化博大精深，源远流长，武陟油茶便是中华传统饮食文化中的一枝奇葩。武陟油茶已有2000多年的历史，秦时名为甘醪膏汤，汉时称膏汤积壳茶，膏即油脂，呈糊状。宋、元称“粥茶”“粥”。随着时代的变迁，后简称油茶。明清之后，武陟油茶美名传天下。

武陟油茶，名为茶，实为粥。其主要成分为面粉、芝麻、花生、山药等，含有丰富的蛋白质和多种维生素。武陟油茶营养均衡丰富，集中了中医中药的精华，具有益肝、健胃、润肺、补肾、提神生津、强身益寿等多种功能，有独特的养生保健作用。

相传楚汉战争期间，刘邦战败负伤后避居武德县老城（今武陟县大城村），寄宿在一个卖枳壳茶的吕氏家中，吕氏以麦粉为糊，加入花生米、胡麻、牛骨髓油等油脂食物，佐以调料和20多种中药香料，精制膏汤，为刘邦调养。3个多月后，刘邦伤病痊愈，精神非常充沛，遂有“佳膳出武德兮，膏汤胜宫筵”赞语。刘邦称帝后，在长安（今陕西西安）思食膏汤但无法得到，即召吕氏入宫，封吕氏为五品油御师，封油茶为西汉王朝宫廷御膳。在当地传说中，除汉高祖刘邦、汉光武帝刘秀在困境中喝过油茶外，唐太宗李世民、宋太祖赵匡胤、清代康熙和雍正父子对武陟油茶也情有独钟。1723年六月，黄河溃决武陟马营，雍正皇帝御驾亲临武陟堵口筑坝，当时武陟知县吴立禄，特令一位朱姓名厨为皇帝精制五香稀食油茶，雍正用膳后大悦，称赞：“怀庆油茶润如酥，山珍海味难比美。”后来吴知县遂令在武陟开设油茶馆，除御用外，还招待来往文武百官，由此油茶更为盛名。武陟油茶得到了上至天子下至平民百姓的广泛喜爱。历代文人为油茶赋诗作歌，留下不少名篇佳句。唐朝诗人李商隐，品食油茶后，曾赋诗“芳香滋补味津津，一瓯冲出安昌春”（安昌为今天温县的武德镇，在武陟、温县交界处）赞颂油茶。

• 怀庆府驴肉 •

驴肉具有补气养血、养精壮阳、滋阴补肾和利肺等多种功能，尤其在止烦、安神、清脑上有独到效果。怀庆闹汤驴肉尤其是沁阳董记闹汤驴肉，以其历史悠久、制作独特、营养丰富、香味浓郁而闻名遐迩、久传不衰，堪称焦作一绝。

闹汤驴肉历史悠久，明末清初，怀庆府城内一户董姓人家，不仅做小本生意，而且还在城郊种了几亩田地。一年秋天耕地时，董老汉不慎将一条驴腿骨弄伤，驴成了瘸子不能耕作，又不好出售，也不能白白喂养，不得已只好将驴宰杀，煮成熟肉到集市上出售。没料到驴肉很快销售一空，而且卖的钱比卖一头好驴的钱还多一倍。从此，董老汉开始经营驴肉，生意一直不错。街坊邻居看到这门好生意，有十多户也跟着干起来了，时间久了，所在胡同被称为“杀驴胡同”（现属沁阳市联盟街辖区）。改革开放以后，董氏后人办起了驴肉馆，一方面继承祖传作料配方、制作工艺，另一方面还结合现代科学技术在肉食方面的应用，不断改革创新，先后制作驴肉丸子、驴蹄筋、驴鞭、驴板肠等多个品种，形成了独具特色的风味小吃。

闹汤驴肉工艺讲究、味道醇正。相传，清乾隆皇帝南巡路过怀庆府，品尝了董记闹汤驴肉后，只说了“好吃”二字，竟被人们视为金口玉言，轰动一时，以致造成怀庆府城内驴肉脱销几个月。

“怀庆府”驴肉距今已有300多年的历史，因其选料精良、配方独特、制作考究、色泽自然、味道清香、肉质细嫩、香而不腻而远近驰名。其配方独特，仅各类名贵中草药就有20多种，尤其是当地盛产的“四大怀药”“清化老姜”等更是不可缺少的用料。由于配方十分严格，所以其肉味与众不同，清香可口、回味无穷。

海蟾宫松花蛋

海蟾宫松花蛋因蛋体呈固体状，红清黑黄，蛋清透明，并有一朵朵状若松针、晶莹透亮的松花图案而得名。它具有长存不坏、柔软适中、香气袭人、食之余香绕口不绝等特点，兼有滋肾阴、壮元气、祛病去火之功能，实属上乘补品，在河南乃至全国享有盛誉。

海蟾宫松花蛋

修武县五里源附近有一马坊泉，其周围形成数十亩大的清水塘，水中多有沙壳水虫游动，乡人谓之“活石头”（类似珊瑚的水虫遗骸，状若小石子）。泉水汇聚成河后，蜿蜒南去，数十里内蟹丰鱼肥。鸭子吃了此虫，产蛋个大味鲜，是制作松花蛋的上品。马坊泉南岸，有一海蟾宫，相传为古代道士刘海蟾隐居修行、得道成仙之处。在当地，流传着这样一个故事：中秋之夜，道士刘海蟾在五里源村北的马坊泉邀仙女前来赏月，令群鸭取蛋款待，鸭子即从水中叼出些被烂泥严包的鸭蛋；洗泥剥壳后，蛋体晶莹透亮，仙女品尝之后，顿觉异香满口，直叹人间竟有如此珍馐。但据文献记载，“海蟾宫松花蛋”问世于1185年，距今已有800多年的历史，其布满松花纹的蛋体犹如一颗肥硕润圆的玉珠，若切成荷花瓣摆置盘中，或若翡翠聚润，或如琥珀凝脂，更多的宛似金橘嵌玉。送入口中，便觉得香浓而不腻，味醇且悠长。

怀庆三辣

姜、烟、蒜盛产于明清时期怀庆府所属部分县村，合称“怀庆三辣”。“怀庆三辣”在当地很受欢迎，行销全国各地，部分出口至东南亚地区。

怀庆姜，又叫“博爱姜”，亦名“清化姜”“山王庄姜”“上庄姜”，在我国北方很有名，距今已有1 600多年的栽培历史，现主要产于沁阳市的山王庄镇及博爱县的许良、上庄、柏山一带。怀庆姜块大、色黄丝细、产量高、品质佳、味道鲜，香辣宜口且久煮不烂，抗逆力强，含水量少，易加工储藏，越加热越辛辣，是同类产品的佼佼者。它既是调味佳料，又有药用价值，对感冒、胃痛、血压过高等病都有一定功效。

怀庆烟，味道清香，既有清心提神之功能，又有久放不变质之特点。

怀庆蒜，味辛，耐储藏，既可作调料，又有药用价值，对脑膜炎、肺炎、白喉、伤寒、痢疾等疾病，以及大肠杆菌、结核杆菌等病菌具有抑制和抗杀作用。

• 延陵大葱 •

延陵大葱主要产于修武县五屯乡的薛延陵、贾延陵、张延陵、郜延陵、王延陵、夏延陵、祝延陵、卢延陵、李延陵等九个自然延陵村，并辐射到武陟县龙源镇、谢莺镇、圪垱店乡的部分村庄。其特点是脖长、头大，营养丰富，味道鲜美。体大者可达一两斤重，一刀切下，能自动崩开形成花状。细品其味，生葱是由甜到香，熟葱是浓香、新鲜兼而有之，实为调味佳品。

• 七贤澄沙糕 •

七贤澄沙糕俗称豆沙糕，是以豌豆、柿饼和食糖等制成的一种小吃，其色黄中泛绿、绿中显黄，褐红色的柿饼似花果点缀于黄绿的糕体之中，像群蝴蝶舞于花丛中，又像蜜蜂落于枝头，色鲜、味美。炎热盛夏，一口澄沙糕入肚，心凉汗落，暑热顿消，确属消暑降温的佳品。澄沙糕各地皆有，但修武的七贤澄沙糕别有特色，而且为“竹林七贤”创制。

澄沙糕，相传东汉时期民间已有，但由于所用的主料豌豆、柿饼均为凉性偏沉之物，吃多了会伤胃、脾，引起胃不舒适，甚至破肚泄泻。所以，“竹林七贤”聚会时就各自为澄沙糕献出一味添加剂。刘伶首推山药，嵇康推举黄精（鸡头参），其他五人分别推出党参、白扁豆、甘松、饴糖和红枣，将这七味中草药合理搭配，掺入澄沙糕中，形成现今的七贤澄沙糕。七贤澄沙糕以食料为主，以药料为辅，不但使原来的澄沙糕更具有艳丽之色、柔爽绵甜之口味，而且消除了多食之后伤脾胃的缺陷，使其成为一种具有养生保健功能的美食。

相传清乾隆皇帝到百家岩凭吊“竹林七贤”时，修武知县曾以七贤澄沙糕作为接驾供品，乾隆皇帝品尝后连连称赞：“七贤所食果然不同凡响，真乃天上仙品也！”遂命随从太监总管详录“七贤糕”工艺制法，带回宫中令御厨们仿造。至今北京北海公园仿膳中有“豌豆黄”一味名点，实为乾隆皇帝带回之“七贤糕”演变而来。

“竹林七贤”澄沙糕的工艺配方，被汉献帝刘协的后代刘阿知在东迁时带到了东瀛，成为旅居日本的修武历史名吃，至今不衰。如今日本小吃店里七贤糕（七仙糕）在当地深受顾客欢迎。“七仙糕”的澄沙糕为七贤糕的变名，做七仙糕的坂上、大藏、原田三姓实乃汉献帝后裔在日本的姓氏。

『非遗』概览

——人类文明的民间传承

根据联合国教科文组织通过的《保护非物质文化遗产公约》中的定义，“非物质文化遗产”指被各社区、群体，有时是个人，视为其文化遗产组成部分的各种社会实践、观念表述、表现形式、知识、技能，以及相关的工具、实物、手工艺品和文化场所。社会的各种实践、表演、表现形式、知识体系和技能及其有关的工具、实物、工艺品和文化场所。各个群体和团体随着其所处环境、与自然界的相互关系和历史条件的变化，不断使这种代代相传的非物质文化遗产得到创新，同时使他们自己具有一种认同感和历史感，从而促进了文化多样性，激发了人类的创造力。

非物质文化遗产是民族个性、民族审美习惯的“活”的显现，也是某个特定地域的人们个性和审美习惯的“活”的显现。焦作是一个有着丰厚历史文化底蕴的城市，这里除了有留存下来的文物古迹，还有丰富的非物质文化遗产。太极拳、四大怀药、乐圣朱载堉发明的唢呐艺术、国家稀有剧种怀梆，以及“竹林七贤”传说、“董永与七仙女”传说等在全国乃至世界上都有着很高的知名度。

在2006年国务院公布的第一批共518项国家级非物质文化遗产名录中，河南省有22个项目榜上有名，焦作市有4个项目名列其中，项目数量列全省第一。2007年2月在河南省人民政府公布的第一批148项省级非物质文化遗产名录中，焦作市有20个项目名列其中。2007年12月焦作市人民政府公布了第一批市级42项非物质文化遗产名录。2008年第二批国家级非物质文化遗产名录中，焦作市又有5项被公布。2009年焦作市人民政府公布了第二批市级23项非物质文化遗产名录。这些充分彰显了焦作悠久的历史和深厚的文化底蕴。

董永传说

董永与七仙女的动人传说，在我国民间广为流传，妇孺皆知，它起源于焦作市武陟县小董村。小董村在县城西20千米处。董永是中华民族孝文化典范“二十四孝”中的标志人物，也是家喻户晓的历史人物。董氏祖上源于郑国老城（今河南荥阳），与武陟隔黄河相望，后逐水草而居至今武陟县小董村。小董村董氏宗祠号为“良史堂”，系晋国史官董狐之后。

相传董永生于公元前14年农历二月初三，自幼丧母，家境贫寒。其父董秀是个铁匠，在董永年幼之时，曾偕其流浪山西、长安数年。其间因时局动荡，加之董父疾患缠身，年仅12岁的董永拉车载父，沿途乞讨，受尽苦难，终于回到武陟小董村。这便是西汉刘向《孝子图》所载“辘车载父”“乌鸦反哺”的故事原型。然一年后董父病故，为买棺葬父，董永卖身到小董村东的傅村傅员外家终身为奴，给其推磨拉碾。从此，董永宁做“磨道驴”也要买棺葬父和辛苦奉养继母的行为感动着世人，他披着星月、踩着晨露也要回家照顾继母，据说必行小路上的小草也被感动得早上向东倒，晚上向西倒，好不再牵绊董永疲惫的脚步。当地倍爱土地的庄稼人，也因被董永的孝行所感动，至今仍保留着董永走过的小路和当时傅员外家的石狮、石马，以及董永用过的石磨石碾。而那个与董永有关的美丽传说，其实源于董永和一个叫张七姐的故事。

董永与七仙女

绿林好汉张老田之女张七姐是南方人，很是水灵。张老田是绿林起义军的一个将领。受父亲影响，七姐也是侠肝义胆。绿林军失败后，张七姐逃至北方避难，在武陟爱上了被世人传颂的孝子董永，二人遂在大凡村槐荫树下私订终身，结为连理，并拿出其父劫富济贫的贡品黄绫替董永赎身，托言是众姐妹一夜之间织成的。于是美丽善良的张七姐和她侠义救夫的故事，便因民间口头传说化平凡为神奇，变张七姐为玉皇大帝的女儿七仙女，其父绿林好汉“张老田”（人称老田爷）也变成“老天爷”，演绎出了“牛郎织女”“七夕相会”“槐荫记”“天仙配”等诸多美丽传说。董永和七仙女的传说成为劳动人民寄托情结的平台和载体。东汉光武帝刘秀定都洛阳，举“孝廉”，以孝道治天下。县令董宣将董永“辘车载父”“卖身葬父”的孝行逐级递至朝廷，董永被举为“孝廉”，成为“二十四孝”人物。后人敬重孝子董永。千百年来，善良的劳动人民带着对孝道人物的尊重，带着对和谐社会的向往，带着对美好生活的祈盼，尽情编织着他们心目中的人物形象和理想社会。董永的传说故事生动，主题鲜明，内涵丰富，极具文学艺术价值和历史价值。

董永传说

唢　呐

唢呐艺术在怀川大地流传甚广，其中最负盛名的当数沁阳唢呐。

沁阳为古怀庆府府治及河内县衙所在地，唢呐艺术在沁阳的历史可追溯到元代大德年间。史载“元仁宗与母迁居河内”时，将唢呐艺术带到了河内。元仁宗生活的年代是1285年至1320年。公元1606年，乐圣朱载堉吸取民间音乐之精华，用科学的方法阐明了十二平均律，改良了唢呐的发音位置，在八音孔的基础上研制了“三眼管子”，使这一古老的音乐形式更具艺术魅力和感染力。从此，热情奔放、慷慨激昂的唢呐声张扬着沁阳劳动人民淳厚豪爽、勤劳朴实的个性。悠久的历史、厚重的文化推动了唢呐艺术在沁阳大地的繁衍成长，成功演绎了沁阳唢呐700多年的发展历史。沁阳唢呐音乐特征与沁阳的风土民情、语言发音一脉相通。它高亢嘹亮、节奏明快又极具曲张性和模仿性，既有北方之粗犷奔放，又兼南方之婉转柔美，国内外名曲、民间小调、戏剧歌曲均能演奏，家畜家禽、飞鸟走兽、风雨雷鸣、汽车摩托、飞机大炮之声音全能模仿，成为最受当地老百姓喜爱的民间乐器，也成为民间新婚大喜、开业庆典、生日祝寿等活动中助兴的主角。沁阳唢呐活动频繁，流派纷

沁阳唢呐

呈。早在明代，贵为王子的朱载堉，亲自担当唢呐演奏的领班人，并在九峰寺创建了“金鼓会”，每逢农历九月二十三，各地唢呐班聚会九峰寺，相互学习，尽显才华。在朱载堉的影响下，怀庆府一带的唢呐班逐年增多，明末清初时的“同乐会”“贾家班”，清至民国时的“麻金班”“毛旦班”“银河班”等影响很大，至今仍然流传着“大花轿，麻金吹，麻金不吹不结婚”“嫁闺女，门婿到，毛旦不吹不上轿”的俗语。沁阳唢呐流派众多，各具特色，以沁河为界，影响较大的为沁南、沁北两派四大家，沁南派以贾家为代表，沁北派以张家、贺家、马家为主流。

中华人民共和国成立后，沁阳唢呐得到了空前的繁荣发展，演奏技术、表演内容更加丰富多彩，讴歌时代、传承文明的曲目越来越多。目前，沁阳市的唢呐班已发展到40多家，从艺人员达400多人，基本上乡乡有唢呐、村村有乐声。近年来，沁阳市政府还多次举办唢呐培训班，组建了百人唢呐演奏团，为唢呐艺术的传承发展起到了极大的促进作用。

• 怀　梆 •

怀梆是我国古老的地方剧种之一，俗称“怀调”“怀庆梆子”等。因源于明代怀庆府而得名，形成至今已有400多年的历史。古怀庆府乃今焦作、济源及新乡的部分县区，处于豫晋交界地带，地理位置独特，社会条件优越，自然资源丰富，文化积淀厚重。历史上，富商大贾、文人墨客在这里活动十分频繁，民间歌舞、社火、庙会等民间艺术也应运而生。到了明代初期，随着大规模移民活动和晋陕商贾崛起及壶关古商道的开通，秦腔、上党梆子、山西中路梆子等陕晋地方戏逐渐涌入怀川大地，为怀梆形成奠定了社会基础。明朝中叶，乐圣朱载堉吸取民间音乐精华，用科学方法阐明了十二平均律并广泛应用于“郑王词曲”的演唱，更促进了怀梆的形

温县怀梆剧照

成。在大量接受陕晋戏剧熏陶的同时，民间艺人尝试着用当地俗曲小调掺入弋阳腔、昆山腔、乱弹、梆子腔的调门，将历史故事、民间传说编成剧本并逐渐搬上戏曲舞台，在长期的表演实践中不断创新，渐趋完善，逐步形成了中国戏剧板腔体系中的怀梆。怀梆属大型火炮架子戏，文武代打、五行兼备，它的唱腔高昂洪亮，豪阔奔放，念白音浓朴实，纯厚意情，具有浓郁的乡土气息和地域情感，深受观众喜爱，该剧种实为我们中华民族珍贵的文化遗产。

怀梆因为方言的不同等原因又分为西路怀梆和东路怀梆，西路怀梆主要代表有沁阳怀梆、温县怀梆，东路怀梆主要为修武怀梆、武陟东路怀梆等。

沁阳怀梆

沁阳怀梆唱腔以梆为板，曲调古朴明朗，激越高亢。主要板式有慢板、二八板、流水板、散板、飞板五大类。主要唱词字数基本规整，合辙押韵，平仄分明，每句唱词多为七字或十字。为更准确地表现剧中人物性格，有些唱段也会出现二二格律的四字句或二三格律的五字句。在表演方面，怀梆生旦净末丑行当齐全，广泛吸收说唱、歌舞、武术杂技等艺术，以唱、念、做、打为主要表演手段，形成了严谨的表演程式和完整的梆子戏体系。怀梆乐队由打击乐和民族管弦乐组成，俗称“软硬家伙”，后逐步有西洋乐器汇入伴奏。打击乐常用乐谱有紧急风、四季头、乱槌、乱锣、乱镲等，管弦乐常用曲牌有大游场、二八游场、小桃红等。怀梆是土生土长的地方大戏，其唱腔念白均以中原音韵的怀庆府方言、语调发音吐字，通晓明白，不事奢华，口语化、大众化的特点明显。中华人民共和国成立以来，沁阳怀梆曾演出过300多本传统戏和100多本现代戏，唱腔剧目多次在国家及省市电台、电视台播放，名家名段多次出版发行，音乐唱腔被收入《中国戏曲音乐集成》。

温县怀梆

怀梆基地在“怀府”的温县占据很重要成分，在温县三家庄俗称为“怀梆”基地，由清末到今，该村“怀梆”戏常演不断，曾演出过传统剧目80余本，均有剧本印存。温县怀梆在唱腔等方面与沁阳怀梆相似。

武陟东路怀梆

东路怀梆是指流行在焦作东部地区的怀梆。东路怀梆主要流传在武陟县及相邻的修武县、获嘉县等地。从武陟所处的特殊地理位置和相关资料看，武陟是怀梆流行较早的地区之一。从发音上看，武陟方言尾音多上扬，在演唱时结束音上挑，显得慷慨激昂、风格鲜明。在音乐伴奏上，东路怀梆伴奏的重复音少，在某些音的处理上简洁、直接，伴奏有力、音调昂扬，显得清新质朴。在剧目上，东路怀梆更擅长演征战疆场、忠君报国的袍带戏，传统剧目有400余出，另外还有一些反映家庭生活的戏。

东路怀梆的锣鼓经分三类：唱腔锣鼓点，身段锣鼓点，武打、舞蹈锣鼓点等。同时还有唢呐曲牌30多首。

大弦是东路怀梆早期的主要伴奏乐器，另外还有板胡、二胡、笙、梆子、鞭

武陟东路怀梆演出

鼓、大锣、小锣、镲等。东路怀梆的音乐伴奏明快、简洁，节奏鲜明，清新质朴，很有特点。

东路怀梆很受东怀庆府人民的喜爱，无论是在田间地头，还是上下工的路上，人们都会哼唱怀梆，东路怀梆至今仍然是当地人丰富精神生活的重要文化食粮。

修武县特色怀梆

崔庄村特色怀梆源于修武县七贤镇崔庄村，至今已有300多年历史。修武怀梆和沁阳怀梆大相径庭，虽然服装、道具、戏曲人物上同出一门，但因地方语言的不同而有很大区别，一个是走的上五音，而另一个则走的是下五音，这样乐队的伴奏风格上和沁阳怀梆有所区别，另外因东部地区方言发声较靠后，修武怀梆的落声更加粗犷，道白更加直白，无太多的艺术加工成分，更像生活中的语言，更容易受当地群众热爱。

修武特色怀梆的形成是一个较为复杂的过程，因为在当时几乎村村都有业余怀剧团，但正因为如此，加上水平参差不齐，在很长一段时间内，怀梆的发展并不快。后随着崔庄怀剧的不断壮大和发展，渐渐形成了以崔庄怀剧为代表的修武特色怀梆。

修武特色怀剧地方词汇丰富，对研究地方语言特色，剖析语言进化提供了参考依据，有极高的地方文学价值。在近300年的历史演变中，仍保存有顽强的原生态表演手法，对研究其形成过程有极高的历史价值。其演出形式多样，且有较坚实的群众基础，在当地有着较大的影响，有较高的文化价值。

• 陈氏太极拳 •

太极拳是东方文化的瑰宝，是中华武苑的奇葩。

明末清初，温县陈家沟人陈王廷在家传武学的基础上，汇集《河图》《洛书》太极阴阳之学说，融入中医经络学和道家《黄庭经》的导引吐纳术，结合戚家拳法及武林众家武学之精华，创编了太极拳，并世代相传，距今已历300多年。

太极拳内容丰富，功能多样，便于普及。与其他武术相比，更具传统文化内

陈氏太极拳传人在祖祠练习太极拳

涵的多元性，佛、道、儒、医、哲、美无所不包。太极拳以儒家“中庸”为载体，以“无用为己用”，集佛家“慈悲为念”、道家“道法自然”、儒家“仁义为本”之大成，融汇中华医学、哲学、美学之精髓，海纳百川，兼容并蓄，终成一代绝学。太极拳作为中华民族珍贵的非物质文化遗产之一，不仅是中华传统武术中的璀璨明珠，也是中华民族传统文化的一种符号象征，更是对外文化交流的重要桥梁和纽带，它充分展现了中华民族传统文化的创造力，具有见证中华民族传统文化的独特价值。传承和保护太极拳，对于弘扬中华民族传统文化，增强人民体质，提高生活质量，构建和谐社会等都具有重要作用。

• 高抬火轿 •

“花轿辞旧岁，熙熙攘攘，丹沁河畔呈祥瑞；郑王创新舞，红红火火，百里怀川闹阳春。”一副楹联，道出怀川大地辞旧迎新的热闹场景；一副楹联，叙说高抬火轿源远流长的历史演绎。沁阳高抬火轿是由朱载堉在古人抬花轿的基础上改编而成的。据《怀庆府志》《河内县志》《覃怀志》载：“旧时，怀人以花轿行水而辞旧迎新，众所逐之。”早在宋时，生活在丹河、沁河流域的怀川人就有抬花轿闹新春的习俗，观者如潮，有广泛的群众基础。到了明代，朱载堉赋予了抬花轿新的

高抬火轿

艺术生命，完成了从庸俗到雅俗共赏的艺术升华。

朱载堉了解到民间轿夫和唢呐艺人同被称为下九流，就想通过艺术表现形式来提高民间艺人的社会地位。通过对当时盛行在覃怀大地抬花轿迎新春及踩高跷、撑旱船、吹唢呐等多种民间艺术的了解，朱载堉成功设计了高抬火轿这一形式独特的民间舞蹈。第一，让轿夫踩着高跷来抬轿，围观者须仰视才能对轿夫进行观瞻，以提高轿夫在人们心目中的地位；第二，改花轿为火轿，改布为纱，内设蜡烛，演出时轿内喷火，寓意红红火火，特别在夜晚演出，更增添了舞蹈情趣；第三，对舞蹈器乐进行改进，自制管子、唢呐并配以朱氏“金鼓经”鼓谱；第四，改腐朽糜烂的演唱内容为自编的“醒世词”“情理词”，使其在娱乐欢庆过程中，起到警世喻人的社会功效。高抬火轿，发源于沁阳市山王庄镇的万善村。明清时期，万善村分五大社，高抬火轿的主要表演者多居万南社区，故又称南社火轿。历经400余年的发展演变，高抬火轿已成为百里怀川群众喜闻乐见的一种民间舞蹈。

• 苏家作龙凤灯 •

在博爱县，活跃着一种独特的民间舞蹈——苏家作龙凤灯。苏家作龙凤灯形成于清道光六年（1826），由民间艺人毋黑旦所创。据清道光十七年编修的《毋氏族谱》载："清道光六年族人毋黑旦，创制龙凤灯，名振清化（今博爱县城）。"龙灯传人毋黑旦，根据"丹凤朝阳、龙凤呈祥"等民间传说，将"凤灯舞"大胆融入"龙灯舞"。结果在那年的"大耍灯"中，"龙凤共舞"赢得了"耍灯魁首"。从此，苏家作龙凤灯名声大噪，至今已有近200年的历史。苏家作龙凤灯采用竹篾制成骨架，彩绘纱布装饰"龙皮""凤衣"。"龙灯"分青龙、火龙、白龙、黄龙四种，龙身长有40米、30米、20米不等。龙的各节用竹笼做骨架，各节之间用青麻绳连接，龙须用青麻染成，龙角、龙爪用银箔镶裹，龙眼旧用琉璃珠，现用灯泡。骨架制成后，取锡箔纸剪成鳞片贴于纱布表层，"龙骨"上缀红、绿两色彩绸，称为"龙脊"。每条"龙"又配有一个"蜘蛛灯"和24朵"彩云灯"。"凤灯"由头、身、翅、尾四部分构成，头颈长4.3米，头至身翅部用5根细绳连接，共用25个竹篾套环。凤翅、凤尾呈扇形，两翅和尾部共装25个蜡碗，为防止蜡油流失，特制了独有的"牛油干碗蜡"。

龙凤灯以龙灯、凤灯为主要道具，还配有太阳、老虎、彩云、百鸟、蝴蝶、荷花、宝莲灯等数十种伴舞灯，骨架全为竹篾制作，节目以"龙游场""龙戏凤""龙脱皮""百鸟朝凤"等最为精彩，打击乐以鼓、锣、镲为主，不但气势恢宏、节奏明快，而且在力量中融入技巧，特技中渗透文化，堪称一绝。苏家作龙凤灯形态逼真，表演动作讲究惊、险、奇、绝、美，将"龙"与"凤"的叼啄跳跃、亲昵逗乐、翻扑妙趣、悠闲自得等动静神态演绎得淋漓尽致，再加上铿锵有力的打击乐，使苏家作龙凤灯表演的高潮一

苏家作龙凤灯

浪高过一浪。苏家作龙凤灯将龙舞和凤舞和谐结合，形成了这种独特的民间舞蹈形式。

• 月山八极拳 •

博爱县位于巍巍太行与滔滔沁河之间，旷世绝艺月山八极拳，就起源于博爱县古老的月山寺。月山八极拳由月山寺第二代方丈苍公始创于金大定二十五年（1185），至今已有800多年历史。据清《覃怀志》载：“苍公名崇苍，北直隶保定人，武进士出身，因游览至明月山，遂削发披缁为大比丘……”之后，独创“八极拳”。因“八极拳”始创于月山寺，故又称为“月山八极拳”。月山八极拳步型要求是：丁不丁、八不八、弓不弓、马不马，以利于实战。技法要求是：挨崩挤靠、迅猛遒劲、崩撼突击、以短制长。身法要求是：含胸拔背、顶项拔腰、沉肩垂肘、气贯丹田。通过步型、技法、身法的规范要求，达到“拳似流星眼似电，腰如蛇形脚似钻，闾尾中正神贯顶，刚柔圆活上下连，体松气固神内敛，满身轻俐顶头悬，阴阳虚实急变化，命意源泉在腰间”。月山八极拳的特征及传承，在“月山寺”碑文及《中国文化辞典》《体育词典》《武林》等书刊中均有记载。

月山八极拳演练场景

月山八极拳在中国武术中占有重要地位，其历史悠久，传承谱系清晰，是中国武术阳刚派的代表。月山八极拳是一块烙刻了中国传统武术精华印记的活化石，有着极高的历史价值、文化价值、科学价值。它对深入研究月山寺佛教文化、焦作及河南本土文化、中国佛教文化具有重要的借鉴价值。对促进全民健身，提高全民生活质量，增强社会的凝聚力和民族自豪感，构建和谐社会，以及更好地促进与国际社会的交流和友好关系有着积极的推动作用。目前，月山八极拳演练者遍布国内外，日本、德国及东南亚各国都有众多爱好者。国际武术联合会副主席史密斯，德国武术协会主席盖尔特，武术十大名教授王培锟和著名历史学家、武术名家马明达，北京体育大学教授、武术名家门惠丰等都曾到月山寺和八极文武学校考察交流，他们对拯救、保护月山八极拳起到了积极的推动作用，并使这一古老拳种在中华民族传统文化领域焕发了新的青春。

· 二股弦 ·

二股弦起源于焦作市武陟县大司马村。大司马村是武陟面积最大、人口最多的村庄，也是我国较大的古人类文化遗址、较大的原始部落群居地，面积达80平方千米。西周有个武将叫休父，官居大司马，他平徐有功，周宣王赐姓“司马”，故其祖居的村庄就叫大司马。明朝嘉靖年间的古碑碑文记载：大司马，古镇也，是东至燕赵、西通关洛的交通要道。河边码头货栈林立，街上钱庄店铺比邻，车船相连，呼号之声不绝于耳。由于人多，求财祈福者众多。鼎盛之时的大司马村所建庙宇多达13座，而且座座雕梁画栋，家家香火旺盛，以至于庙会、社火长年不断。于是，旱船、高跷、小车，经担唱的缸调、经调，说书唱的坠子、唠子，叫花子唱的莲花落及驻扎的山西会馆带来的迷糊（眉户）等各种民间艺术齐聚庙会，竞技比试，互相学习。这期间有个叫苗丁的人，把经调和民间小调融合并排演了一出庙里劝善经文里唱的故事，于是就成了“戏”。因所用的伴奏乐器为二股弦，故称其戏为“二股弦”。二股弦戏共有5个曲牌、18个唱腔板式，皆为庙会上所唱之调。二股弦唱腔、曲牌完全是武陟大司马村土生土长，其主要剧目也是由社会生活故事、宗教故事整理创编。如刘全砍柴、刘全进瓜（刘全坟距大司马村不过五六里）等均为武陟大司马村本土故事。其特有的原汁原味的方言小调、浓郁厚重的地方风情，使其在本土魅力十足，大受欢

二股弦演出剧照

迎。

《武陟县志》记载，明洪武年间，城隍庙、关帝庙就修建有戏楼。嘉靖年间大司马祖师庙、玉皇庙、三官庙、孙真庙等四座庙都盖有戏楼。在明朝一个村有四座戏楼，这在全国怕是再也找不出第二个村庄了，而且当地还有碑文记载：“清朝嘉庆甲子年（1804），朝廷在大司马修建王孝姐贞节女牌坊、王孝姐庙时，就有二股弦演出助兴。”可见，明清时期二股弦已是相当普及。且二股弦戏对后来产生的怀梆、豫剧有很大影响，如《卖苗郎》《桃花庵》等许多剧目经过改编，都成了怀梆、豫剧的传统剧目。二股弦戏的音乐元素也被许多种地方戏吸纳采用，但是其特有的乡音和方言却是无法移植的。2007年初，大司马二股弦剧团应邀到郑州演出。它那原始古朴的音乐情调，原汁原味的乡土语言，抑恶扬善的民间故事，让专家学者大开眼界。专家们说，他们发现了原生态的戏剧音乐、原始状态的戏剧，是研究中国音乐史、戏剧史的“活化石”。二股弦戏不仅是河南的艺术珍宝，也是中华民族的艺术奇葩。

• 司马懿得胜鼓 •

司马懿得胜鼓源于三国时期，距今已有1700多年的历史。相传三国时，魏、蜀、吴鼎立，各霸一方，逐鹿中原，争夺天下。时任魏国大将军的司马懿为鼓舞将士斗志，夺取最后胜利，特命军中乐师根据自己的意念创编得胜鼓曲并在军中使

司马懿得胜鼓

用。魏景初二年（238），司马懿率大军征伐公孙渊，途经家乡温县，在县城南门的虢公台宴请家乡父老，以得胜鼓乐助兴。从此，得胜鼓便在温县民间广为流传，并被称作司马懿得胜鼓。司马懿得胜鼓乐谱运用音乐中宫、商、角、徵、羽的五声关系，巧妙地将阴阳五行哲理、天体运行规律及军事兵法等融入鼓乐中，选用大鼓、大镲、鞭鼓、云锣、月锣作为主打乐器，使该鼓曲演奏起来深邃凝重、古朴典雅、节奏细腻、气势恢宏，时闻鼓声隆隆、锣声锵锵，威武雄壮，具有强烈的震撼力和感召力。司马懿得胜鼓在其发展传承过程中，通过历朝历代的文化熏陶，加上当地民风民俗的需要，遂成为温县安乐寨周边地区在节庆、庆典、祭祀、社火、庙会等文化活动中不可缺少的项目，也使该鼓乐在某种程度上存在着鲜明的民俗特征。

• 赵氏孤儿传说 •

一曲忠肝义胆、救孤抚孤的历史浩歌感天动地，一段鞭挞奸邪、惩恶扬善的民间故事流传千年。“赵氏孤儿传说”通过世代传承，把发生在2500年前春秋战国时期晋景公信佞废忠、荒淫无道的大昏大庸，屠岸贾等当朝权贵嫉贤妒能、残害忠良的大奸大恶，程婴、公孙杵臼等弱势群体舍亲生、拼老命、含悲忍辱、救孤抚孤的大忠大义，韩厥子、钼麑等朝中老臣仗义执言、助孤报仇的大智大勇等人物形象刻画得入木三分，把抚孤救孤、雪冤报仇的故事情节演绎得酣畅淋漓，千百年来，深受老百姓的喜爱。“赵氏孤儿传说”发生在今温县三家村。家者，姓也；三家村者，三姓之家所居也；三姓者，程、赵、公孙也。据《左传·昭公元年》《温县县志》《民国志稿·古迹志》《民国志稿·人物志》等文献史料及现今残存的石碑记载：春秋时，温曾属晋，为赵氏封地，赵衰之后，赵氏墓地均在三家村，现赵衰、赵盾、赵武（孤儿）墓遗址尚存。赵武墓当地俗称“孤儿冢”，遗址在三家村西南。

赵氏孤儿传说

“赵氏孤儿传说”，故事情节脉络清晰、主题突出，人物语言生动活泼，极具口语化、大众化，状物言情、叙事达理真实可信，凝重大气、不事雕琢、情感丰富、娓娓道来的艺术风格鲜明突出。表现了中华民族伸张正义、驱邪安良、惩恶扬善、爱憎分明的民族精神。因此，上千年来，长传不衰。在文学、戏剧、杂谈、民间文艺等领域都占有重要地位。

• 郑王词曲 •

朱载堉一生著作颇丰，虽贵为王子，却辞爵让位，在覃怀大地采民声、听民怨、解民苦、医民疾，将劳动人民对艰辛生活的哀叹、隐士僧侣对世道人生的大彻大悟、酒鬼赌徒对虚度人生的忏悔等大实话，都记录在册，经提炼升华，用普通老百姓能够接受理解的方言俚语编成歌词，配上曲谱，在其改组的同乐会、金鼓会、民间响器班及社鼓队中亲自教习传唱，逐渐传遍怀川城乡。由于朱载堉世袭郑王，怀府百姓便将他作的词曲称为“郑王词曲”。

郑王词曲由《郑王词分类汇编》和《郑王曲》（工尺谱）两部分组成。其词版本较多，最早见到的版本是清道光元年（1821）覃怀人汝田本的《郑王词》，它是在传抄本的基础上校勘选注成册。民国17年（1928），孟州白永仁披览旧本数册，检校分类，编汇成书，名曰《郑王词分类汇编》，亦称《醒世词》《痴僧录》等。全书共收朱载堉诗词、文赋、格言、歌词、长短句等152首，约3.5万字。《郑王曲》原在朱载堉改组的同乐会、金鼓会、民间响器班和社鼓队中传抄，共收曲牌89个，戏曲曲牌、诗词曲牌及宫调、散曲、时调、器乐曲等曲牌根据郑王词需要尽收谱中，类别极为丰富。《郑王曲》集古创新，雅俗共赏，便于在民间传唱，其在音学、字体、宫音位置、唱法等方面与唐人大曲谱、宋代俗字谱及通行的工尺谱有所不同。《郑王曲》的专门演奏乐器是朱载堉独门打造的锡管子，吹奏起来浑厚悠长，音域宽广，能够充分体现郑王词曲的感染力量。郑王词曲自乐乐人，自醒醒世，民间传唱400多年而不衰，其词曲精神已深入民心，其历史价值、艺术价值、传承价值、保护价值由此可见一斑。

火龙舞

孟州市槐树乡龙台村的“火龙舞”历史久远。相传远古时期，蜘蛛成精，污染天池，大地久旱龟裂，玉皇大帝派青龙下凡捉拿蜘蛛精，结果青龙大败，被困蛛网。玉帝再派火龙征战，火龙大施神力，龙口喷火，救出青龙，收降蜘蛛精。青龙被救，普降甘霖，还大地丰瑞太平之景象。为纪念火龙为民除害，当地百姓自发组织起来，制作火龙道具，且手舞之、足蹈之，这大概是“火龙舞”的原始雏形。

据当地传说，火龙舞兴盛于西汉。清乾隆五十七年（1792）编修的《孟县志》记载，公元前140年至前88年，龙台村火龙舞常在五龙庙前参加祭祀比赛活动，进入鼎盛时期。龙台村位于孟州城西北20多千米处的蟠龙岭下，孟州市制高点五龙庙就建于此，从村庄名称、地理位置、寺庙建筑及民间艺术形式看，龙台村可谓处处有龙，无龙不在，“龙”文化在这里的底蕴内涵不言而喻。龙台村“火龙”造型古朴奇特，近似民间传说中的麒麟形象。加之民间艺人匠心独具的制作工艺和奇异豪放的舞蹈表演形式，在河南乃至全国实属罕见。龙台村火龙舞的表演内容主要有辘轳圈、三叠脊、龙上桌、龙口喷火、破四门斗、龙缠柱等，动作惊险，招式丰富，气

火龙舞

势宏大，人在火中舞，龙在火中飞，场面十分热闹，在怀川大地素有“天下火龙一绝”之称。火龙舞是孟州大地土生土长的民间艺术，深受群众喜爱，承载了人们向往和平盛世，追求美好生活的思想情感，营造了孟州城乡浓厚的文化氛围，具有较大的艺术价值和社会价值。

• 河阳花鼓戏 •

孟州市汉称河阳，唐称孟州，明洪武十年（1377）改州为县，1996年撤县设市。悠久的历史，形成了孟州市丰厚的民族文化资源，造就了特色鲜明、精彩纷呈的“民间艺术大观园”。曲调细腻、抒情委婉的河阳花鼓戏便是这所“大观园”中的古老奇葩。河阳花鼓戏是河南稀有的地方剧种，其曲调源自宋、元时期流行于中原一带的踩高跷、划旱船等民间小调。清同治初年，孟州赵和镇大马沟村富豪刘同德与苏庄村举人王世芝共同创办“君子学社”，将《西厢记》通本读物改成唱词，自设唱腔，邀民间说唱艺人广为传布，渐成花鼓戏雏形。清同治五年（1866），改“君子学社”为“同乐会”，将《西厢记》唱词分成五折，为公众演出。后经探索发展，由只能演折子戏的民间演唱逐步完善为行当俱全、能演整本大戏的地方剧种。同治十年，孟州人——“转本御史”梁晓彦正式为该剧命名：“黄（京）戏有板、梆戏有梆……你有墩鼓，该以‘鼓’字破题，今以‘花鼓’命名。”从此，河阳花鼓始有其名，花鼓戏班也相继成立，逐渐向外传播扩大花鼓戏的影响。

花鼓戏的唱腔、调式具有北方鲜明的抒情风格，与湖南花鼓戏等兄弟剧种无任何历史渊源。其特点是按照曲调填词，多用“哼”音唱出，因此花鼓戏又称“哼哼戏”“哼曲戏”。河阳花鼓戏曲调细腻、委婉动听，它根植民间，宜于传唱，具有较高的艺术价值。河阳花鼓戏在孟州境内家喻户晓，影响甚广，形象地反映了河阳花鼓在老百姓心目中的地位。由于花鼓戏来自民间，贴近生活，不受封建礼教和专权旧势力的羁绊，1916年被当局以“庸俗、有伤风化”之名禁演，花鼓戏班大都解散，仅有少数老艺人可哼唱少数剧目，濒临失传。

·和氏太极拳·

和氏太极拳是中华民族一颗璀璨的明珠，是宝贵的文化遗产。和氏太极拳发源于河南省焦作市温县赵堡镇赵堡村。清朝晚期，河南温县赵堡镇的和兆元（1810—1890），师从邻里陈清平习拳，后在北京供职。在理学名臣李棠阶的影响下，对太极拳进行了重大改革，尤使太极拳理论有了长足的发展。和兆元以《周易》理论、医家之学、儒家的主张来指导规范拳架，使理论与实践完美结合，创编了和氏太极拳。又经几代人的不懈努力，和氏太极拳当前已遍及全国，传及海外，形成一大流派。

和氏太极拳是集技击、健身、益智和修性养生为一体的独特的运动方式，演练以自然为准则。他法老庄自然之道，学阴阳之理及以弱胜强、无为之为之论。以柔中求刚为目的，以轻灵自然为原则。势势处处顺其自然，合乎自然。以武术技法的形式演示了宗教、哲学、伦理、武学、医学、艺术等内涵，以符合人体运动规律的方式强体健身，体现了中华民族生生不息的活力，受到了全世界的喜爱。它不仅具有良好的健身价值，还体现了和谐的东方哲学思想，显示出经久不衰的生命力，具有中国传统文化独特的魅力，也是对外交

和氏太极拳

流的重要桥梁和纽带。继承和保护好和氏太极拳，对弘扬中华传统文化，提高人们的生活质量，增强社会凝聚力，构建和谐社会具有重要作用。

• 韩湘子传说 •

孟州市历史悠久，人杰地灵，历朝历代名人辈出。唐宋八大家之首韩愈的故里就在孟州，而且传说中八仙之一的韩湘子（据考证历史上确有其人），并与韩愈同宗且根在孟州。孟州现在仍保存有湘子墓。湘子墓为黄土堆成，墓顶及四周长满了翠竹，墓前立有碑楼，墓四周有高高的围墙。墓园正门朝南，园名为“湘子故园”，园东侧还有历代名人题词的“韩湘碑林”。

韩湘子是韩愈的侄孙（珍藏于水运村韩氏祠堂韩氏族谱为证），生于唐德宗年间，30岁中进士，官至大理寺丞。从政期间，一身正气，秉公执法，由于看不惯朝中的腐败，便弃官从道。传说，韩湘子在家乡时常为乡亲们排忧解难，深受百姓爱戴。历朝历代的孟州百姓，对韩湘子遗德十分怀念。韩湘子的种种传说，远在明代几位大作家成书之前，就已在百姓中广为流传。现已收集整理的韩湘子传说由21篇组成，这些来源于民间的传说语言生动，内容丰富，故事性和趣味性极强，具有浓郁的地方特色。

流传于孟州的韩湘子传说，涉及内容十分广泛，既有社会生活类，又有地理常识类，还有医药知识类，更有武功技艺类等，举不胜举。韩湘子传说，虽然是传说，但并非无源之水、无根之木，而是有所依据，有些甚至有历史遗址可查证。

孟州韩湘子传说，大多是描写韩湘子为百姓办好事及与邪恶势力做斗争的故事，具有浓厚的生活气息、较高的学术价值，加大对韩湘子传说的挖掘深度和保护力度，必将有利于弘扬中华民族传统美德，更好地强化和促进和谐社会的建设。

韩湘子传说

• 丁兰刻木传说 •

丁兰刻木的传说源于修武县七贤镇丁村。丁兰是我国著名的"二十四孝"之一。

相传汉代时候，在修武县城东北30华里处有一个村落，名叫丁村，村里有一人姓丁名兰，幼年失父，与母亲相依为命，艰苦度日。丁母把儿子视做心肝，好不容易抚养儿子成人，娶妻成家。可丁母的娇惯迁就，使丁兰从小养成好吃懒做、不知老少的恶习，逐渐变成忤逆不孝之人。他不但不思如何报答母亲的养育之恩，反而感到娘老无用，十分厌恶。在妻子的怂恿下，丁兰对母亲张口就骂、举手就打，母亲痛苦不堪，经常暗自伤心落泪。

丁兰偶然发现地头槐树上乌鸦反哺，追悔莫及。这时他正见老娘前来送饭，赶紧上前迎接，但引起老娘误会，误以动粗，老娘一头撞死在槐树上。丁兰为了赎自己的不孝之罪，请人将老娘刻为木像，

丁兰刻木传说中的古树

走哪背哪，形影不离。并劝人孝敬父母，积德行善，结合自己的切身体会，刻写书简，到处散发以示后人，在中国民间产生了很大影响。丁兰后被列为"二十四孝"之一。

丁兰刻木的传说内容丰富，故事曲折，情节感人，具有很高的文学价值，以弘扬孝道为主，具有很高的教育价值，对社会的文明进步也起到了积极的推进作用。

城市名片

——走向世界的城市经典

焦作，一个有着得天独厚的自然条件的城市，一个有着悠久历史与灿烂文化的城市，一个着眼于世界、自然、人类的胸襟开阔的城市。它递给世界的一张张名片，都在讲述着这个城市的独特魅力。它是集中国传统文化大成的太极拳的发源地，而太极拳不仅影响着现代的中国，也影响和改变了整个世界的运动健身方式。已经在焦作举办过多届的国际太极拳交流大赛，使太极拳成为不同国籍、不同肤色的人们相互交流的共同语言，也使得这个城市的名字为整个世界所知晓。享誉世界的四大怀药不仅赞美着人类的生命，也同样赞美着焦作这块土地独特的地理和气候条件。大自然赐给了焦作完美的平原用来耕作，也赐给了焦作秀美的山水用来游赏，云台山的美并非得来虚名。同时大自然还赐给焦作优质的煤矿资源，构成了这个城市工业化发展的基础，并由此衍生出了中国第一所矿业大学——焦作路矿学堂。在大自然无私而慷慨的赠予面前，焦作人并不是一味地索取，而是在保护自然，与大自然和谐相处。缝山针雕塑就像焦作人保护大自然的一个伟大宣言：用手术针来缝合曾经过度开采的山体。而作为南水北调中线工程唯一穿城而过的城市，焦作人继续谱写着城市与自然和谐相依的美妙图景。

从悠久的历史中走来，焦作这个城市发展的轨迹也充满了传奇色彩：由煤城转型成为绿色旅游城市，让世界为之惊叹，被称为“焦作现象”，再向现代化新型综合城市发展，焦作一路向前，谱写着中原城市发展的壮丽篇章。

• 强健世界的拳术——太极拳 •

在中国，有一个能让亿万人为之倾倒的文化遗产，那就是太极拳。太极拳优雅神奇、出神入化，影响了整个世界，也迷倒了全人类。

现有太极拳各拳种皆由陈氏太极拳演化而来，而陈氏太极拳的发源地就在焦作温县陈家沟，所以一定程度上可以说，是焦作为世界贡献了太极拳。

太极拳具有中国文化独特的美学特征，是中国传统文化长期积淀后在审美意识上的外在显现。太极拳具有独特的姿势美、自然美、造型美、意境美、名称美等美学特征。太极拳所体现的阴阳和谐、虚实相生、刚柔相济、开合相寓、快慢相间、明暗相衬、形神兼备，以及太极拳套路优美的形体特征，形成了美妙无比、独具特色的“太极神韵”。

太极拳具有修身养性的特征，同时还十分注重锤炼人的品性修养，讲究和睦宽容、虚怀若谷，要求练拳者“彼以刚来，我以柔往，以我之心，度人之心”，克制仇恨，扬厉爱意，把练拳的过程当作教人向善的过程、行道养德的过程，使人的思想素质和身体素质得到双重提高。

太极拳既具有中国特色，又适合不同民族、不同国界的人共同习练，它的传播

焦作『一赛一节』开幕式

和普及，可以增强民族凝聚力，增进人类团结，让全人类共享不同民族优秀的文化成果。目前，全世界有100多个国家的1亿多人在练习太极拳，充分展现了中华民族传统文化的奇异魅力，见证了中国人别具特色的人文精神和生命理念。传承和保护太极拳，对于弘扬中国文化，增强国家间的文化交流，提高全人类的生活质量，构建和谐的人居环境，促进国际友好往来，都具有不可估量的重要意义。

2007年3月，中国民间文艺家协会授予焦作温县陈家沟为太极拳发源地。而此时，一年一度的焦作国际太极拳交流大赛已连续举办了五届。每逢这个盛会举办，就有无数的太极拳爱好者慕名而来，他们不分年龄，不分国籍，以武会友，共同找寻太极的灵魂。现在，焦作国际太极拳交流大赛已经成为焦作的一个品牌，成为焦作与世界联结的一个纽带。

• 怀商文化的传承弘扬——四大怀药 •

焦作地区种植四大怀药已有近3000年的历史，素有“怀药之乡”的美誉。

焦作土地疏松肥沃，雨量充沛，光照充足，气候温和，最适宜山药、地黄、牛膝等蓄根类药材的生长。菊花虽以花瓣入药，但其生长环境也与怀川的气候与地理环境相吻合。

历代的中药典籍和名医、史志对四大怀药都给予了高度评价。据焦作市志及市辖各县（市）志记载：四大怀药的“怀”，来源于地名，怀川的沁河下游地区《禹贡》书上称为“怀”，北魏以后称“怀州”，元、明、清三代称为“怀孟路”“怀庆府”。怀药在历史上不仅享有贡品之荣，也曾在美国旧金山和菲律宾马尼拉举办的万国商品博览会上作为国药展出，被中外客商称为“华药”和地道的“怀货”，东南亚各国更是把“四大怀药”视为稀贵佳品。

千百年来四大怀药以其独特的药效和滋补作用蜚声海内外，历代中药典籍都给予了高度评价。《本草纲目》记载：“今人惟以怀庆地黄为上。”《神农本草经》也载有：“山药以河南怀庆者良。”宋《图经本草》载：“牛膝生河内山谷……

焦作怀商

怀山药

怀牛膝

怀地黄

怀菊花

今江淮、闽粤、关中亦有之，然不及怀州者真。”宋代药物学家苏颂曰：“菊花处处有之，以覃地为佳。”在《伤冷论》《金匮要略》的方剂中，怀地黄一药共见14处。据《怀庆府志》记载：“地黄、山药、牛膝、菊花等俱出河内，为献贡常数。”有史料表明，自公元前734年封建诸侯卫桓公以怀山药为贡品进献周王室起，直至清朝末年，四大怀药一直作为贡品进献历代王室。四大怀药是河南省的名贵中药材，历史悠久，誉满中外，素有“贵重礼品”的称号。

四大怀药的盛誉，使怀药贸易呈现出前所未有的良好发展势头。明清时期，焦作的怀药商人的足迹已遍及全国，并依靠以人为本、精打细算的经营理念，宽严结合、任人唯贤的管理机制及严格遵循“不卖次品，不谋暴利”的原则，出现了一些享誉海内外的怀药商号，如“杜盛兴”等。他们在对怀药的经销中组建了怀帮，建立了怀帮会馆，并将怀帮会馆推向全国，形成了庞大的怀帮队伍。怀帮因怀药而起家，又把怀药带向全国，成为焦作商业史上不朽的篇章。

现在的“四大怀药”产品，已远销到日本、新加坡、马来西亚、泰国、越南、印尼、美国等30多个国家和地区，成为焦作的代名词。

随着生产力的发展和生活水平的进步，人们对保健食用药品，特别是中药材的需求量也日趋增加，远景十分可观。为进一步增加其附加值，焦作市对怀药产品也进行了深入开发。目前开发的怀药产品有软包装山药果脯、软包装地黄果脯、怀山晶、FD活性怀山药粉、活性怀山药片、怀山药露、怀菊花茶、太极功夫茶、地黄汁饮料、六味地黄丸、菊花晶、菊花枕、牛膝多糖口服液、银菊花茶、山药片（精包装）、生地片、怀生地粒等，随着这些产品逐渐走向市场，焦作的四大怀药将迎来又一轮辉煌。

• 亿万年造化的美妙景观——云台山 •

焦作地处太行山下，黄河北岸，拥有得天独厚的自然条件。如果说焦作的自然山水是豫北地区的王冠的话，那么云台山就是这个王冠上的明珠。

云台山，位于焦作市修武县境内，以独具特色的“北方岩溶地貌”被列入首批世界地质公园名录。同时又是河南省唯一集国家重点风景名胜区、国家5A级景区、国家文明风景旅游区、国家森林公园、国家水利风景名胜区、国家猕猴自然保护区等多个国家级名誉于一身的风景名胜区。满山覆盖的原始森林，深邃幽静的沟谷溪潭，千姿百态的飞瀑流泉，如诗如画的奇峰异石，形成了云台山独特秀美的自然景观。

云台山以山称奇，更以水叫绝。来这里旅游的南方人都不相信北方居然有这样山水完美交融的景致。云台山素以“三步一泉，五步一瀑，十步一潭”而著称。落差314米的全国最高大瀑布——云台天瀑，犹如擎天玉柱，蔚为壮观。天门瀑、白龙潭、黄龙瀑、丫字瀑皆飞流直下，形成了云台山独有的瀑布景观。多孔泉、珍珠泉、王烈泉、明月泉给云台山的水增添了一丝丝的清冽甘甜。红石峡（温盘峪）位于子房湖南，被风景园林专家称赞为“自然界山水的精品”。这里集秀、幽、雄、险于一身，聚瀑、溪、潭于一谷，有“盆景峡谷”的美誉。百家岩自古为游览胜地，人文景观集中。汉朝末代皇帝刘协被贬为山阳公后，经常在此赏景游玩，留下了“避暑台”“二乐台”遗址。魏晋时期的“竹林七贤”，嵇康、阮籍、刘伶、向秀、阮咸、山涛、王戎，相与友善，在这里隐居活动达20年，至今尚存“嵇康淬剑池”和“刘伶醒酒台”。历史上的著名寿星王烈和贤士孙登在此同游隐居，现存有“孙登啸台”“王烈泉”等遗迹。

云台山红石峡

在这些自然和人文的资源上，云台山还以井喷式崛起的发展奇迹而闻名。2000年以后，云台山发扬“敢为人先、勇争一流”的云台山精神，围绕“建精品景区、创全国文明、闯国际市场、树世界品牌”的目标，坚持大投入高标准开发建设，坚持规范一流的管理模式，坚持“不让一个游客受委屈”的服务理念，用短短十几年时间便在开发建设、管理服务、市场营销、品牌打造、人才队伍建设等方面取得了巨大成就。云台山从鲜为人知发展到年接待游客500多万人次，创造了令人瞩目的“云台山速度”“云台山效应”，书写了一段世人瞩目的“云台山传奇”。云台山景区的崛起被旅游界称为“云台山模式”。

现在，焦作人到外地旅游，提到焦作的时候总是不忘交代“就是云台山所在地”。而这时人们大都会说：“噢，知道，知道。”在旅游业飞快发展的今天，云台山已经成为焦作的一张闪亮的名片。

• 人与自然的相依相托——焦作煤炭 •

焦作煤炭素有“香砟”之称，以低灰低硫、高发热量、高固定炭著称于世，是化工、民用的上乘原料和燃料，行销全国18个省市，出口欧亚多个国家和地区。20世纪初，一直被作为贡品供应英国皇室，在国际上享有盛誉。

焦作煤矿久负盛名，在中国煤炭工业发展史上写下浓重的一页。据现代考古发现，自唐代开始，这里就有土法采煤，宋代有明确记载焦作地区的煤炭已由官方生产和销售。焦作煤炭的大工业开采从清末开始。1898年，焦作境内优质的无烟煤资源成了中外瞩目的焦点。1902年，英国福公司进入焦作，对这里的煤炭进行了大工业开采，拉开了焦作近代工业化的序幕。煤炭生产的发展，促进了矿区的繁荣，促进了一座现代城市雏形的形成。1905年，英国殖民者在这里修建了长达150公里的道清铁路，随后这里出现了中国最早的矿业高等学府，也是河南省第一所大学——焦作路矿学堂，出现了河南省第一家自来水厂、第一份报纸和第一座电厂。这一切都促进了焦作地区原有的政治、经济、文化、人们的观念和风俗的改变。

而焦作煤矿工人反抗帝国主义殖民势力的大罢工也书写了中国人民反帝反封建的斗争史。毛泽东主席曾称赞焦作煤矿工人“特别能战斗”。中华人民共和国成立后，焦作煤矿累计生产煤炭数亿吨，有力支持了国民经济的恢复和发展，特别是在20世纪六七十年代，焦作煤矿连续多年创造了煤矿安全、成本、效率等多项全国第一，煤炭年产量最高时达到700万吨。向各地煤矿输送了大批管理干部，是全国有名的出经验、出人才的煤矿，涌现出的刘九学、丁百元、吕茂盛等全国著名劳动模范，成为焦作煤矿的骄傲。作为国家重点能源基地，焦作煤矿为国民经济和社会发展做出了重要贡献。在我国工业化建设的大厦上，牢固筑砌着焦作煤矿的基石。

回顾历史，焦作煤矿已走过了一个多世纪的历程，在这100多年中，焦作煤矿伴随着中国社会的巨大变迁而沧海沉浮，见证和书写了中国近代煤炭工业的发展史。

• 薪火相传的百年学府——河南理工大学 •

河南理工大学的前身是焦作路矿学堂，是我国历史上第一所矿业高等学府和河南省建立最早的高等学校，于1909年由英国福公司兴办，历经河南福中矿务学校、福中矿务专门学校、福中矿务大学、私立焦作工学院、西北工学院、国立焦作工学院、焦作矿业学院等重要历史时期。

在学校办学历史上，著名教育家蔡元培、著名地质学家翁文灏、工矿泰斗孙越崎，先后担任学校的名誉董事、常务董事、董事长和名誉院长。

河南理工大学占地面积3 600亩（1亩≈666.67平方米），建筑面积100万平方米。学校设有安全科学与工程学院、能源科学与工程学院等22个院系，煤矿安全等专业在全国居一流水平。学校在国际上首创瓦斯地质学科，在煤层气资源开发利用和矿井瓦斯灾害治理领域取得一系列独创性成果；创建了中国陆相痕迹化石组合及其沉积环境模式，奠定了我国痕迹学研究在国际上的学术地位；最早在国内开展永磁直线电机垂直运输系统研究，创立分段式永磁直线同步电机设计理论和设计方法，并建成永磁直线电机驱动无绳提升试验系统。同时，在井下防灭火、数字签名算法等方面的研究也达到了国内领先水平

河南理工大学

或国际先进水平。

建校以来，学校共为国家培养8万余名高级专业人才，为国家矿业做出了巨大的贡献。目前，河南理工大学已发展成为一所涵盖理、工、管、文、法、经、教、艺术、医学等多学科的高水平大学。

• 拯救自然的宏大宣言 •

■ 缝山针雕塑

缝山针雕塑位于缝山公园内，在市区北凤凰山中部，西至群英河，东至瓮涧河，南临影视大道，北与巍巍太行山融为一体，占地面积40公顷，是焦作市进入21世纪以后的标志性景观。

从19世纪末英国福公司在焦作开办煤矿时起，距焦作较近的凤凰山便成了一座采石场，经过100多年的无序开采，这座凤凰山南部几里长的山体被削去了半边。岩石裸露，惨不忍睹。昔日的凤凰山终日炮声连天，灰土飞扬。这不仅使四周居民终日不得安宁，还成为焦作最大的污染源，山体遭到严重破坏，到处是残垣断壁，生态植被更无从谈起。

2000年，焦作市将采石场关闭，决心将其建设成为一个环保型公园。当时，焦作市两位青年雕塑家薛骏猷、闫国喜受市政府委托来到凤凰山下实地考察。面对千疮百孔的山体，曾经学医的薛骏猷默念着："封山……缝山……"突然他被自己的想法吓了一跳，对，缝山，大山也是一个生命体，它的伤口也需要缝合。于是他们决定用艺术的手法与环境保护的理念结合起来去处理残破山体。于是，一个以手术针为原型的巨型雕塑便取名为"缝山"，并将在山下建起的公园定名"缝山公园"。

焦作的"缝山针"雕塑，创意惊人，以大胆的艺术想象警示人们：人类不能继续无序采石伤害地球"身体"。今天的焦作人民将在热爱自然、保护家园的全新理

缝山针雕塑

念下，把山体作为有生命的物体、人类的朋友，要像动手术一样来缝合大自然的"伤口"，使其恢复健康"体魄"，为人类造福，为焦作人民营造一个美丽和谐的家园。

■ 南水北调工程焦作段

南水北调工程是人类改造自然的伟大壮举。其中的中线工程南起丹江口水库的陶岔渠首，北至北京市颐和园的团城湖。焦作是中线工程总干渠唯一从中心城区穿越的城市。

南水北调总干渠焦作城区段总长16.7千米，其中中心城区段8.4千米。中心城区段从丰收路西段始，经解放区的新庄、新店、士林、西王褚、东王褚、西于村、东于村，山阳区的小庄、定和、恩村，至山阳区墙南止。该段总干渠宽度100.4米至137米，水深7米，水面宽度49米至57米，两侧各建100米绿化带，以及南25米、北35米的道路。

南水北调绿化带工程位于南水北调焦作城区段总干渠两侧，西起丰收路，东至中原路，长约10公里，两侧各宽100米左右，总占地194.4万平方米，绿化率达80%（含绿化和水景面积），总投资49.1158亿元。

绿化带设计由中国美术学院风景建筑设计研究院承担，设计定位为"以绿为基，以水为魂，以文为脉，以南水北调精神为主题的带状开放式生态公园"，重点建设"一馆""一园""一廊""一楼"。"一馆"即南水北调纪念馆，位于人民路与总干渠交叉处东北角，纪念馆通过文献、实物、音频、影像、雕塑、艺术作品等形式，采用声光电等高科技手段，生动展示世界重大水利工程的发展历程，南水北调工程决策、移民、建设全过程，以及沿线人民舍小家、顾大家、为国家的奉献精神。"一园"即南水北调主题文化园，贯穿整个城区段，采用艺术雕塑、文化景墙、实景展示、互动体验等方式，打造南水北调中线工程1432公里的微缩景观，重点展示南水北调中线渠首、穿黄隧道、湍河渡槽、倒虹吸等工程节点，使其成为游客了解南水北调中线工程整体面貌的窗口。"一廊"即水袖艺术长廊，在闫河退水闸至焦东路之间，上跨群英河、塔南路，设置500米长，3至5米宽，具有水袖形态、体现中国戏剧风格的艺术长廊，沿廊布置焦作历史文化浮雕，结合夜景灯光，形成特色文化景观。"一楼"即南水北调第一楼，位于总干渠与中原路交叉处东北角，与汉代文化遗址山阳古城遥相呼应，具有望山、观水、地标等功能。

后　记

编著一本可全面反映焦作文化的书是笔者的夙愿，但一想到山阳故地所包蕴的东西是那样的博大和精深，便觉完成此一夙愿绝非举手之劳。然而生于斯，长于斯，于不知不觉中周身早已被这块土地的色彩和气韵所浸染，一本关于全面反映焦作文化的书在心中已然有了雏形。适逢河南科学技术出版社出版《记忆中原丛书》，焦作占其中一卷，心中倍感欣幸。于是便与有志于书写焦作文化的朋友们共同致力于此书的编撰工作。这些来自社会各界的学者、教授、文坛耆宿，以及相关行业专业人士对本书的完成起到了至关重要的作用。正是这多方力量的汇集方才构成了本书。

在本书写作过程中，我们曾数次召开编撰会议：上至全面把握编撰宗旨，下到对每一个细节的耐心求证，不留任何瑕疵。作者为考证一个典故，或印证一处地名，查阅大量资料，上百里考察奔波。至于数次修改文章，抱病完成自己撰写的章节，利用业余时间熬夜修改文稿，就更不在话下了。

本书的编撰得到了中共焦作市委宣传部领导和有关部门的大力支持，这种支持为我们完成此书提供了很大的动力。在此，谨向他们一并表示由衷的感谢。

编　者

2018年5月